LE PERE DE FAMILLE,

COMÉDIE

EN CINQ ACTES, ET EN PROSE,

AVEC UN DISCOURS

SUR LA POÉSIE DRAMATIQUE.

par M. Diderot

Ætatis cujusque notandi sunt tibi mores,
Mobilibusque decor naturis dandus & annis.
                              Horat. de Art. poet.

A AMSTERDAM.

M. DCC. LVIII.

A SON ALTESSE SÉRÉNISSIME
MADAME LA PRINCESSE
DE
NASSAU-SAARBRUCK.

MADAME,

En foumettant le *Pere de Famille* au jugement de VOTRE ALTESSE SE'RE'NISSIME, je ne me fuis point diffimulé ce qu'il en avoit à redouter. Femme éclairée, mere tendre, quel est le sentiment que vous n'eussiez exprimé avec plus de délicatesse que lui ? Quelle est l'idée que vous n'eussiez rendue d'une maniere plus touchante ? Cependant ma témérité ne se bornera pas, MADAME, à vous offrir un si foible hommage. Quelque distance qu'il y ait de l'ame d'un poëte à celle d'une mere, j'oserai descendre dans la vôtre; y lire, si je le sçais, & révéler quelques-unes des pensées qui l'occupent. Puissiez-vous les reconnoître & les avouer.

Lorsque le Ciel vous eut accordé des enfans, ce fut ainsi que vous

vous parlâtes ; voici ce que vous vous êtes dit.

Mes enfans font moins à moi peut-être par le don que je leur ai fait de la vie, qu'à la femme mercenaire qui les alaita. C'eſt en prenant le ſoin de leur éducation que je les revendiquerai ſur elle. C'eſt l'éducation qui fondera leur reconnoiſſance & mon autorité. Je les éleverai donc.

Je ne les abandonnerai point ſans réſerve à l'étranger ni au ſubalterne. Comment l'étranger y prendroit-il le même intérêt que moi ? Comment le ſubalterne en feroit-il écouté comme moi ? Si ceux que j'aurai conſtitué les censeurs de la conduite de mon fils, se disoient au-dedans d'eux-mêmes, *aujourd'hui mon disciple, demain il sera mon maître ;* ils exagéreroient le peu de bien qu'il feroit; s'il faisoit le mal, ils l'en reprendroient mollement, & ils deviendroient ainsi ses adulateurs les plus dangereux.

Il seroit à souhaiter qu'un enfant fût élevé par son supérieur, & le mien n'a de supérieur que moi.

C'est à moi à lui inspirer le libre exercice de sa raison, si je veux que son ame ne se remplisse pas d'erreurs & de terreurs, telles que l'homme s'en faisoit à lui-même sous un état de nature imbécille & sauvage.

Le mensonge est toujours nuisible.

Une erreur d'esprit suffit pour corrompre le goût & la morale. Avec une seule idée fausse, on peut devenir barbare; on arrache les pinceaux de la main du peintre; on brise le chef-d'œuvre du statuaire; on brûle un ouvrage de génie; on se fait une ame petite & cruelle; le sentiment de la haine s'étend; celui de la bienveillance se resserre; on vit en transe, & l'on craint de mourir. Les vûes étroites d'un instituteur pusillanime ne réduiront pas mon fils dans cet état, si je puis.

Après le libre exercice de sa raison, un autre principe que je ne cesserai de lui recommander; c'est la sincérité avec soi-même. Tranquille alors sur les préjugés auxquels notre foiblesse nous expose ; le voile tomberoit tout-à-coup, & un trait de lumiere lui montreroit tout l'édifice de ses idées renversé, qu'il diroit froidement : ce que je croyois vrai, étoit faux ; ce que j'aimois comme bon, étoit mauvais ; ce que j'admirois comme beau, étoit difforme ; mais il n'a pas dépendu de moi de voir autrement.

Si la conduite de l'homme peut avoir une base solide dans la considération générale, sans laquelle on ne se résout point à vivre ; dans l'estime & le respect de soi-même, sans lesquels on n'ose gueres en exiger des autres ; dans les notions d'ordre, d'harmonie, d'intérêt, de bienfaisance & de beauté, auxquelles on n'est pas libre de se refuser, & dont nous portons le germe dans nos cœurs, où il se déploye & se fortifie sans cesse; dans le sentiment de la décence & de l'honneur; dans la sainteté des loix: pourquoi appuyerai-je la conduite de mes enfans sur des opinions passageres, qui ne tiendront ni contre l'examen de la raison, ni contre le choc des passions plus redoutables encore pour l'erreur que la raison?

Il y a dans la nature de l'homme deux principes opposés: l'amour-propre qui nous rappelle à nous, & la bienveillance qui nous répand. Si l'un de ces deux ressorts venoit à se briser, on seroit ou méchant jusqu'à la fureur, ou généreux jusqu'à la folie. Je n'aurai point vécu sans expérience pour eux, si je leur apprens à établir un juste rapport entre ces deux mobiles de notre vie.

C'est en les éclairant sur la valeur réelle des objets, que je mettrai un frein à leur imagination. Si je réussis à dissiper les prestiges de cette magicienne, qui embellit la laideur, qui enlaidit la beauté, qui pare le mensonge, qui obscurcit la vérité, & qui nous joue par des spectres qu'elle fait changer de formes & de couleurs & qu'elle nous montre, quand il lui plaît & comme il lui plaît, ils n'auront ni craintes outrées ni desirs déréglés.

Je ne me suis pas promis de leur ôter toutes les fantaisies; mais j'espere que celle de faire des heureux, la feule qui puiffe confacrer les autres, fera du nombre des fantaifies qui leur refteront. Alors fi les images du bonheur couvrent les murs de leur féjour, ils en jouiront. S'ils ont embelli des jardins, ils s'y promeneront. En quelqu'endroit qu'ils aillent, ils y porteront la férénité.

S'ils appellent autour d'eux les Artiftes, & s'ils en forment de nombreux atteliers; le chant groffier de celui qui fe fatigue depuis le lever du foleil jufqu'à fon coucher, pour obtenir d'eux un morceau de pain, leur apprendra que le bonheur peut être auffi à celui qui fcie le marbre & qui coupe la pierre ; que la puifsance ne donne pas la paix de l'ame, & que le travail ne l'ôte pas.

Auront-ils élevé un édifice au fond d'une forêt? ils ne craindront pas de s'y retirer quelquefois avec eux-mêmes, avec l'ami qui leur dira la vérité, avec l'amie qui sçaura parler à leur cœur, avec moi.

J'ai le goût des choses utiles; & si je le fais passer en eux, des façades, des places publiques, les toucheront moins qu'un amas de fumier sur lequel ils verront jouer des enfans tout nuds; tandis qu'une paysanne assise sur le seuil de sa chaumiere, en tiendra un plus jeune attaché à sa mammelle, & que des hommes basannés s'occuperont en cent manieres diverses, de la subsistance commune.

Ils feront moins délicieufement émus à l'afpect d'une colonnade, que fi traverfant un hameau, ils remarquent les épis de la gerbe fortir par les murs entrouverts d'une ferme.

Je veux qu'ils voyent la mifere, afin qu'ils y foient fenfibles, & qu'ils fçachent par leur propre expérience qu'il y a autour d'eux, des hommes comme eux, peut-être plus effentiels qu'eux, qui ont à peine de la paille pour fe coucher, & qui manquent de pain.

Mon fils, fi vous voulez connoître la vérité ; fortez, lui dirai-je ; répandez-vous dans les différentes conditions ; voyez les campagnes ; entrez dans une chaumiere ; interrogez celui qui l'habite : ou plûtôt regardez son lit, son pain, sa demeure, son vêtement ; & vous sçaurez ce que vos flateurs chercheront à vous dérober.

Rappellez-vous souvent à vous-même qu'il ne faut qu'un seul homme méchant & puissant pour que cent mille autres hommes pleurent, gémissent & maudissent leur existence.

Que cette espece de méchans qui bouleversent le globe & qui le tyrannisent, sont les vrais auteurs du blasphème.

Que la nature n'a point fait d'esclaves, & que personne sous le Ciel n'a plus d'autorité qu'elle.

Que l'idée d'esclavage a pris naissance dans l'effusion du sang & au milieu des conquêtes.

Que les hommes n'auroient aucun besoin d'être gouvernés, s'ils n'étoient pas méchans; & que par conséquent le but de toute autorité doit être de les rendre bons.

Que tout système de morale, tout ressort politique qui tend à éloigner l'homme de l'homme, est mauvais.

Que si les Souverains sont les seuls hommes qui soient demeurés dans l'état de nature où le ressentiment est l'unique loi de celui qu'on offense; la limite du juste & de l'injuste est un trait délié qui se déplace ou qui disparoît à l'œil de l'homme irrité.

Que la justice est la premiere vertu de celui qui commande, & la seule qui arrête la plainte de celui qui obéit.

Qu'il est beau de se soûmettre soi-même à la loi qu'on impose, & qu'il n'y a que la nécessité & la généralité de la loi qui la fassent aimer.

Que plus les Etats sont bornés, plus l'autorité politique se rapproche de la puissance paternelle.

Que si le Souverain a les qualités d'un Souverain, ses Etats seront toujours assez étendus.

Que si la vertu d'un particulier peut se soutenir sans appui, il n'en est pas de même de la vertu d'un peuple. Qu'il faut récompenser les gens de mérite ; encourager les hommes industrieux ;

dustrieux ; approcher de soi les uns & les autres.

Qu'il y a par-tout des hommes de génie, & que c'est au Souverain à les faire paroître.

Mon fils, c'est dans la prospérité que vous vous montrerez bon ; mais c'est l'adversité qui vous montrera grand. S'il est beau de voir l'homme tranquille, c'est au moment où les hasards se rassemblent sur lui.

Faites le bien, & songez que la nécessité des événemens est égale sur tous.

Soumettez-vous-y, & accoutumez-vous à regarder d'un même œil le coup qui frappe l'homme & qui le renverse, & la chûte d'un arbre qui briseroit sa statue.

I. Partie.

Vous êtes mortel comme un autre; & lorſque vous tomberez, un peu de pouſſiere vous couvrira comme un autre.

Ne vous promettez point un bonheur ſans mélange; mais faites-vous un plan de bienfaiſance que vous oppoſiez à celui de la nature qui nous opprime quelquefois. C'eſt ainſi que vous vous éleverez, pour ainſi dire, au-deſſus d'elle, par l'excellence d'un ſyſtème qui répare les déſordres du ſien. Vous ſerez heureux le ſoir, ſi vous avez fait plus de bien qu'elle ne vous aura fait de mal. Voilà l'unique moyen de vous réconcilier avec la vie. Comment haïr une exiſtence qu'on ſe rend douce à ſoi-même par l'utilité dont elle eſt aux autres ?

Persuadez-vous que la vertu est tout, & que la vie n'est rien ; & si vous avez de grands talens, vous serez un jour compté parmi les héros.

Rapportez tout au dernier moment ; à ce moment où la mémoire des faits les plus éclatans ne vaudra pas le souvenir d'un verre d'eau présenté par humanité à celui qui avoit soif.

Le cœur de l'homme est tantôt serein & tantôt couvert de nuages ; mais le cœur de l'homme de bien, semblable au spectacle de la nature, est toujours grand & beau ; tranquille ou agité.

Songez au danger qu'il y auroit à se faire l'idée d'un bonheur qui fût toujours le même, tandis que la condition de l'homme varie sans cesse.

L'habitude de la vertu est la seule que vous puissiez contracter sans crainte pour l'avenir. Tôt ou tard les autres sont importunes.

Lorsque la passion tombe, la honte, l'ennui, la douleur commencent. Alors on craint de se regarder. La vertu se voit elle-même toujours avec complaisance.

Le vice & la vertu travaillent sourdement en nous. Ils n'y sont pas oisifs un moment. Chacun mine de son côté. Mais le méchant ne s'occupe pas à se rendre méchant, comme l'homme de bien à se rendre bon. Celui-là est lâche dans le parti qu'il a pris; il n'ose se perfectionner. Faites-vous un but qui puisse être celui de toute votre vie.

Voilà, MADAME, les pensées que médite une Mere telle que vous, & les discours que ses enfans entendent d'elle. Comment après cela un petit événement domestique, une intrigue d'amour, où les détails sont aussi frivoles que le fond, ne vous paroîtroient-ils pas insipides ? Mais j'ai compté sur l'indulgence de VOTRE ALTESSE SÉRÉNISSIME ; & si elle daigne me soutenir, peut-être me trouverai-je un jour moins au-dessous de l'opinion favorable dont elle m'honore.

Puisse l'ébauche que je viens de tracer de votre caractère & de vos sentimens, encourager d'autres femmes à vous imiter ! Puissent-elles concevoir qu'elles passent à mesure que leurs enfans croissent; & que si elles obtiennent les longues années qu'elles se promettent, elles finiront par être elles-mêmes des enfans ridés, qui redemanderont en vain une tendresse qu'elles n'auront pas ressentie.

Je suis avec un très-profond respect,

MADAME,

DE VOTRE ALTESSE SÉRÉNISSIME,

Le très-humble &
très-obéissant serviteur,
DIDEROT.

PERSONNAGES.

Monsieur D'ORBESSON, *Pere de Famille.*

Monsieur LE COMMANDEUR D'AUVILE', *beau-frere du Pere de Famille.*

CECILE, *fille du pere de Famille.*

SAINT-ALBIN, *fils du Pere de Famille.*

SOPHIE, *une jeune Inconnue.*

GERMEUIL, *fils de feu Monsieur de* * * *, un ami du Pere de Famille.*

Monsieur LE BON, *Intendant de la maison*

Mademoiselle CLAIRET, *femme-de-chambre de Cécile.*

LA BRIE, } *Domestiques du Pere de*
PHILIPPE, } *Famille.*

DESCHAMPS, *Domestique de Germeuil.*

Autres DOMESTIQUES *de la maison.*

Madame HEBERT, *Hôtesse de Sophie.*

Madame PAPILLON, *Marchande à la toilette.*

Une des OUVRIERES *de Madame Papillon.*

M. ***. *C'est un pauvre honteux.*

UN PAYSAN.

UN EXEMPT.

La Scène est à Paris, dans la maison du Pere de Famille.

LE PERE DE FAMILLE,

COMEDIE.

Le théatre représente une salle de compagnie, décorée de tapisseries, glaces, tableaux, pendule, &c. C'est celle du Pere de Famille.

La nuit est fort avancée. Il est entre cinq & six du matin.

ACTE PREMIER.

SCENE I.

LE PERE DE FAMILLE, LE COMMANDEUR, CECILE, GERMEUIL.

Sur le devant de la salle, on voit le Pere de Famille qui se promene à pas lents. Il a la tête baissée, les bras croisés & l'air tout-à-fait pensif.

I. Partie.

Un peu sur le fond, vers la cheminée, qui est à l'un des côtés de la salle, le Commandeur & sa niéce font une partie de trictrac.

Derriere le Commandeur, un peu plus près du feu, Germeuil est assis négligemment dans un fauteuil, un livre à la main. Il en interrompt de tems en tems la lecture pour regarder tendrement Cécile dans les momens où elle est occupée de son jeu, & où il ne peut en être apperçû.

Le Commandeur se doute de ce qui se passe derriere lui. Ce soupçon le tient dans une inquiétude qu'on remarque à ses mouvemens.

CÉCILE.

MON oncle, qu'avez-vous ? Vous me paroissez inquiet.

LE COMMANDEUR

(*en s'agitant dans son fauteuil*).

Ce n'est rien, ma niéce. Ce n'est rien.

(*Les bougies sont sur le point de finir, & le Commandeur dit à Germeuil :*)

Monsieur, voudriez-vous bien sonner ?

(*Germeuil va sonner. Le Commandeur saisit*

ce moment pour déplacer son fauteuil & le tourner en face du trictrac. Germeuil revient, remet son fauteuil comme il étoit, & le Commandeur dit au Laquais qui entre)

Des bougies.

(*Cependant la partie de trictrac s'avance. Le Commandeur & sa niéce jouent alternativement & nomment leurs dez*).

LE COMMANDEUR.

Six cinq.

GERMEUIL.

Il n'est pas malheureux.

LE COMMANDEUR.

Je couvre de l'une & je passe l'autre.

CÉCILE.

Et moi, mon cher oncle, je marque six points d'école. Six points d'école...

LE COMMANDEUR
(*à Germeuil*).

Monsieur, vous avez la fureur de parler sur le jeu.

CÉCILE.

Six points d'école......

LE COMMANDEUR.

Cela me distrait, & ceux qui regardent derriere moi, m'inquietent.

CÉCILE.

Six & quatre que j'avois, font dix.

LE COMMANDEUR

(*toûjours à Germeuil*).

Monsieur, ayez la bonté de vous placer autrement, & vous me ferez plaisir.

SCENE II.

LE PERE DE FAMILLE, LE COMMANDEUR, CECILE, GERMEUIL, LA BRIE.

LE PERE DE FAMILLE.

Est-ce pour leur bonheur, est-ce pour le nôtre qu'ils sont nés?... Hélas, ni l'un ni l'autre!

(*La Brie vient avec des bougies, en place où il en faut ; & lorsqu'il est sur le point de sortir, le Pere de Famille l'appelle*).

La Brie!

LA BRIE.

Monsieur.

LE PERE DE FAMILLE,
(après une petite pause, pendant laquelle il a continué de rêver & de se promener).
Où est mon fils ?

LA BRIE.

Il est sorti.

LE PERE DE FAMILLE.

A quelle heure ?

LA BRIE.

Monsieur, je n'en sçais rien.

LE PERE DE FAMILLE
(encore une pause).
Et vous ne sçavez pas où il est allé ?

LA BRIE.

Non, Monsieur.

LE COMMANDEUR.

Le coquin n'a jamais rien sçû. Double deux.

CÉCILE.

Mon cher oncle, vous n'êtes pas à votre jeu.

LE COMMANDEUR.
(ironiquement & brusquement.)
Ma niéce, songez au vôtre.

LE PERE DE FAMILLE
(à *La Brie ; toûjours en se promenant & rêvant.*)

Il vous a défendu de le suivre ?

LA BRIE.

(*feignant de ne pas entendre*)

Monsieur ?

LE COMMANDEUR.

Il ne répondra pas à cela. Terne.

LE PERE DE FAMILLE
(*toûjours en se promenant & rêvant*).

Y a-t-il long-tems que cela dure ?

LA BRIE
(*feignant encore de ne pas entendre*).

Monsieur ?

LE COMMANDEUR.

Ni à cela non plus. Terne encore. Les doublets me poursuivent.

LE PERE DE FAMILLE.

Que cette nuit me paroît longue !

LE COMMANDEUR.

Qu'il en vienne encore un, & j'ai perdu. Le voilà.

(*A Germeuil*)

Riez, Monsieur. Ne vous contraignez pas.

(*La Brie est sorti. La partie de trictrac finit. Le Commandeur, Cécile & Germeuil s'approchent du Pere de Famille.*)

SCENE III.

LE PERE DE FAMILLE, LE COMMANDEUR, CECILE, GERMEUIL.

Le Pere de Famille.

Dans quelle inquiétude il me tient ! Où est-il ? Qu'est-il devenu ?

Le Commandeur.

Et qui sçait cela ?... Mais vous vous êtes assez tourmenté pour ce soir. Si vous m'en croyez, vous irez prendre du repos.

Le Pere de Famille.

Il n'en est plus pour moi.

Le Commandeur.

Si vous l'avez perdu, c'est un peu votre faute, & beaucoup celle de ma sœur. C'étoit, Dieu lui pardonne, une femme unique pour gâter ses enfans.

CÉCILE
(*peinée*).

Mon oncle.

LE COMMANDEUR.

J'avois beau dire à tous les deux, prenez-y garde, vous les perdez.

CÉCILE.

Mon oncle.

LE COMMANDEUR.

Si vous en êtes fous à préfent qu'ils font jeunes, vous en ferez martyrs quand ils feront grands.

CÉCILE.

Monfieur le Commandeur.

LE COMMANDEUR.

Bon, eft-ce qu'on m'écoute ici ?

LE PERE DE FAMILLE.

Il ne vient point !

LE COMMANDEUR.

Il ne s'agit pas de foupirer, de gémir, mais de montrer ce que vous êtes. Le tems de la peine eft arrivé. Si vous n'avez pû la prévenir, voyons du moins fi vous fçaurez la fupporter... Entre nous, j'en doute...

(*La pendule sonne six heures*).

Mais voilà six heures qui sonnent... Je me sens las... J'ai des douleurs dans les jambes comme si ma goutte vouloit me reprendre. Je ne vous suis bon à rien. Je vais m'envelopper de ma robe-de-chambre, & me jetter dans un fauteuil. Adieu, mon frere... Entendez-vous ?

LE PERE DE FAMILLE.

Adieu, Monsieur le Commandeur.

LE COMMANDEUR
(*en s'en allant*).

La Brie.

LA BRIE
(*du dedans*).

Monsieur.

LE COMMANDEUR.

Eclairez-moi ; & quand mon neveu sera rentré, vous viendrez m'avertir.

SCÈNE IV.
LE PERE DE FAMILLE, CECILE, GERMEUIL.

LE PERE DE FAMILLE
(*après s'être encore promené triſtement.*)

MA fille, c'eſt malgré moi que vous avez paſſé la nuit.

CÉCILE.

Mon pere, j'ai fait ce que j'ai dû.

LE PERE DE FAMILLE.

Je vous ſçais gré de cette attention ; mais je crains que vous n'en ſoyez indiſpoſée. Allez vous repoſer.

CÉCILE.

Mon pere, il eſt tard. Si vous me permettiez de prendre à votre ſanté l'intérêt que vous avez la bonté de prendre à la mienne. . . . .

LE PERE DE FAMILLE.

Je veux reſter. Il faut que je lui parle.

CÉCILE.

Mon frere n'eſt plus un enfant.

LE PERE DE FAMILLE.

Et qui sçait tout le mal qu'a pû apporter une nuit?

CÉCILE.

Mon pere....

LE PERE DE FAMILLE.

Je l'attendrai. Il me verra.

(*en appuyant tendrement ses mains sur les bras de sa fille*).

Allez, ma fille, allez. Je sçais que vous m'aimez.

(*Cécile sort. Germeuil se dispose à la suivre: mais le Pere de Famille le retient & lui dit*):

Germeuil, demeurez.

SCENE V.

LE PERE DE FAMILLE, GERMEUIL.

(*La marche de cette Scene est lente.*)

LE PERE DE FAMILLE,

(*comme s'il étoit seul, & en regardant aller Cécile*).

Son caractere a tout-à-fait changé. Elle n'a plus sa gaieté, sa vivacité...

Ses charmes s'effacent... Elle souffre... Hélas, depuis que j'ai perdu ma femme & que le Commandeur s'est établi chez moi, le bonheur s'en est éloigné!... Quel prix il met à la fortune qu'il fait attendre à mes enfans!... Ses vûes ambitieuses, & l'autorité qu'il a prise dans ma maison, me deviennent de jour en jour plus importunes... Nous vivions dans la paix & dans l'union. L'humeur inquiete & tyrannique de cet homme nous a tous séparés. On se craint, on s'évite, on me laisse; je suis solitaire au sein de ma famille, & je péris... Mais le jour est prêt à paroître, & mon fils ne vient point!... Germeuil, l'amertume a rempli mon ame. Je ne puis plus supporter mon état....

GERMEUIL.
Vous, Monsieur?

LE PERE DE FAMILLE.
Oui, Germeuil.

GERMEUIL.
Si vous n'êtes pas heureux, quel pere l'a jamais été?

Le Pere de Famille.

Aucun.... Mon ami, les larmes d'un pere coulent souvent en secret...

(*il soupire, il pleure*).

Tu vois les miennes... Je te montre ma peine.

Germeuil.

Monsieur, que faut-il que je fasse?

Le Pere de Famille.

Tu peux, je crois, la soulager.

Germeuil.

Ordonnez.

Le Pere de Famille.

Je n'ordonnerai point. Je prierai. Je dirai : Germeuil, si j'ai pris de toi quelque soin ; si depuis tes plus jeunes ans je t'ai marqué de la tendresse, & si tu t'en souviens ; si je ne t'ai point distingué de mon fils ; si j'ai honoré en toi la mémoire d'un ami qui m'est & me sera toûjours présent... Je t'afflige ; pardonne ; c'est la premiere fois de ma vie & ce sera la derniere.... Si je n'ai rien épargné pour te sauver de l'infortune, & remplacer un pere à ton égard; si je t'ai chéri; si je t'ai gardé chez moi, malgré le Commandeur à qui tu déplais; si je t'ouvre aujourd'hui mon cœur, reconnois mes bienfaits & répons à ma confiance.

GERMEUIL.

Ordonnez, Monsieur, ordonnez.

LE PERE DE FAMILLE.

Ne sçais-tu rien de mon fils?... Tu es son ami, mais tu dois être aussi le mien... Parle.... Rends-moi le repos ou acheve de me l'ôter.... Ne sçais-tu rien de mon fils?

GERMEUIL.

Non, Monsieur.

LE PERE DE FAMILLE.

Tu es un homme vrai, & je te crois. Mais vois combien ton ignorance doit ajoûter à mon inquiétude. Quelle est la conduite de mon fils, puisqu'il la dérobe à un pere dont il a tant de fois éprouvé l'indulgence, & qu'il en fait mystere au seul homme qu'il aime?... Germeuil, je tremble que cet enfant...

GERMEUIL.

Vous êtes pere ; un pere est toûjours prompt à s'allarmer.

LE PERE DE FAMILLE.

Tu ne sçais pas, mais tu vas sçavoir & juger si ma crainte est précipitée... Dis-moi, depuis un tems n'as-tu pas remarqué combien il est changé ?

GERMEUIL.

Oui; mais c'est en bien. Il est moins curieux dans ses chevaux, ses gens, son équipage; moins recherché dans sa parure ? Il n'a plus aucune de ces fantaisies que vous lui reprochiez ? Il a pris en dégoût les dissipations de son âge ? Il fuit ses complaisans, ses frivoles amis ? Il aime à passer les journées rétiré dans son cabinet ? Il lit ; il écrit ; il pense ? Tant mieux. Il a fait de lui-même, ce que vous en auriez tôt ou tard exigé.

LE PERE DE FAMILLE.

Je me disois cela, comme toi ; mais j'ignorois ce que je vais t'apprendre.... Ecoute..... Cette réforme dont, à ton avis, il faut que je me félicite, & ces absences de nuit qui m'effrayent....

GERMEUIL.

Ces absences & cette réforme?

LE PERE DE FAMILLE.

Ont commencé en même-tems;

(*Germeuil paroît surpris*)

Oui, mon ami, en même-tems.

GERMEUIL.

Cela est singulier.

LE PERE DE FAMILLE.

Cela est. Hélas, le desordre ne m'est connu que depuis peu, mais il a duré... Arranger & suivre à la fois deux plans opposés, l'un de régularité qui nous en impose de jour, un autre de déréglement qu'il remplit la nuit; voilà ce qui m'accable... Que malgré sa fierté naturelle, il se soit abaissé jusqu'à corrompre des valets; qu'il se soit rendu maître des portes de ma maison; qu'il attende que je répose; qu'il s'en informe secretement; qu'il s'échappe seul, à pied, toutes les nuits, par toute sorte de tems, à toute heure,

c'est

c'est peut-être plus qu'aucun pere ne puisse souffrir, & qu'aucun enfant de son âge n'eût osé.... Mais avec une pareille conduite, affecter l'attention aux moindres devoirs, l'austérité dans les principes, la réserve dans les discours, le goût de la retraite, le mépris des distractions... Ah, mon ami!... Qu'attendre d'un jeune homme qui peut tout-à-coup se masquer & se contraindre à ce point?... Je regarde dans l'avenir, & ce qu'il me laisse entrevoir, me glace... S'il n'étoit que vicieux, je n'en désespérerois pas. Mais s'il joue les mœurs & la vertu!...

GERMEUIL.

En effet, je n'entens pas cette conduite; mais je connois votre fils. La fausseté est de tous les défauts le plus contraire à son caractere.

LE PERE DE FAMILLE.

Il n'en est point qu'on ne prenne bien-tôt avec les méchans; & maintenant avec qui penses-tu qu'il vive?... Tous les gens de bien dorment quand il veille... Ah,

I. Partie. B

Germeuil!... Mais il me semble que j'entens quelqu'un... C'est lui peut-être.... Eloigne-toi.

SCENE VI.
LE PERE DE FAMILLE *seul.*

Il s'avance vers l'endroit où il a entendu marcher. Il écoute, & dit tristement :

JE n'entens plus rien.

Il se promene un peu, puis il dit :

Asseyons-nous.

Il cherche du repos : il n'en trouve point, & il dit :

Je ne sçaurois... Quels pressentimens s'élevent au fond de mon ame, s'y succedent & l'agitent!... O cœur trop sensible d'un pere, ne peux-tu te calmer un moment!... A l'heure qu'il est, peut-être il perd sa santé... sa fortune... ses mœurs... Que sçais-je ? sa vie... son honneur... le mien...

Il se leve brusquement, & dit :

Quelles idées me poursuivent !

SCENE VII.
LE PERE DE FAMILLE, UN INCONNU.

Tandis que le Pere de Famille erre accablé de tristesse, entre un inconnu vêtu comme un homme du peuple, en redingote & en veste; les bras cachés sous sa redingote, & le chapeau rabattu & enfoncé sur les yeux. Il s'avance à pas lents. Il paroît plongé dans la peine & la rêverie. Il traverse sans appercevoir personne.

LE PERE DE FAMILLE

qui le voit venir à lui, l'attend, l'arrête par le bras, & lui dit:

Qui êtes-vous ? Où allez-vous ?

L'INCONNU
(*point de réponse*).

LE PERE DE FAMILLE.
Qui êtes-vous ? Où allez-vous ?

L'INCONNU
(*point de réponse encore*).

Le Pere de Famille

releve lentement le chapeau de l'Inconnu, reconnoît son fils, & s'écrie :

Ciel !... C'est lui !... C'est lui... Mes funestes pressentimens, les voilà donc accomplis !... Ah !...

Il pousse des accens douloureux, il s'éloigne, il revient. Il dit :

Je veux lui parler.... Je tremble de l'entendre.... Que vais-je sçavoir !... J'ai trop vêcu. J'ai trop vêcu.

St Albin
(en s'éloignant de son pere & soupirant de douleur).

Ah !

Le Pere de Famille
(le suivant).

Qui es-tu ? D'où viens-tu ?... Aurois-je eu le malheur ?...

St Albin
(s'éloignant encore).

Je suis désésperé.

Le Pere de Famille.

Grand Dieu, que faut-il que j'apprenne !

S.ᵗ ALBIN
(*revenant & s'adreſſant à ſon pere*).

Elle pleure. Elle ſoupire. Elle ſonge à s'éloigner; & ſi elle s'éloigne, je ſuis perdu.

LE PERE DE FAMILLE.

Qui, elle ?

S.ᵗ ALBIN.

Sophie... Non, Sophie, non... Je périrai plûtôt....

LE PERE DE FAMILLE.

Qui eſt cette Sophie ?... Qu'a-t-elle de commun avec l'état où je te vois, & l'effroi qu'il me cauſe ?

S.ᵗ ALBIN

(*en ſe jettant aux pieds de ſon pere*).

Mon pere, vous me voyez à vos pieds. Votre fils n'eſt pas indigne de vous. Mais il va périr; il va perdre celle qu'il chérit au-delà de la vie. Vous ſeul pouvez la lui conſerver. Ecoutez-moi, pardonnez-moi, ſecourez-moi.

LE PERE DE FAMILLE.

Parle. Cruel enfant, aye pitié du mal que j'endure.

S.^t A L B I N

(*toûjours à genoux*).

Si j'ai jamais éprouvé votre bonté ; si dès mon enfance, j'ai pû vous regarder comme l'ami le plus tendre ; si vous fûtes le confident de toutes mes joies & de toutes mes peines, ne m'abandonnez pas. Conservez-moi Sophie ; que je vous doive ce que j'ai de plus cher au monde. Protégez-la... Elle va nous quitter, rien n'est plus certain... Voyez-la, détournez-la de son projet.... La vie de votre fils en dépend.... Si vous la voyez, je serai le plus heureux de tous les enfans, & vous ferez le plus heureux de tous les peres.

Le Pere de Famille.

Dans quel égarement il est tombé ? Qui est-elle, cette Sophie, qui est-elle ?

S.^t A L B I N

(*relevé, allant & venant, avec enthousiasme*).

Elle est pauvre ; elle est ignorée ; elle habite un réduit obscur : mais c'est un ange, c'est un ange ; & ce réduit est le Ciel. Je n'en descendis jamais sans être meilleur.

Je ne vois rien dans ma vie diffipée &
tumultueufe, à comparer aux heures innocentes que j'y ai paffées. J'y voudrois
vivre & mourir, duffai-je être méconnu,
méprifé du refte de la terre... Je croyois
avoir aimé. Je me trompois... C'eft à-
préfent que j'aime... (*en faififfant la main
de fon pere*). Oui... J'aime pour la premiere fois.

Le Pere de Famille.

Vous vous jouez de mon indulgence
& de ma peine. Malheureux, laiffez-là
vos extravagances. Regardez-vous, &
répondez-moi ? Qu'eft-ce que cet indigne
traveftiffement ? Que m'annonce-t-il ?

S.ᵗ Albin.

Ah, mon pere, c'eft à cet habit que je
dois mon bonheur, ma Sophie, ma vie.

Le Pere de Famille.

Comment ? parlez

S.ᵗ Albin.

Il a fallu me rapprocher de fon état, il
a fallu lui dérober mon rang, devenir fon
égal. Ecoutez, écoutez.

Le Pere de Famille.
J'écoute, & j'attens.

S.ᵗ Albin.
Près de cet asyle écarté qui la cache aux yeux des hommes... Ce fut ma derniere ressource.

Le Pere de Famille.
Eh bien ?...

S.ᵗ Albin.
A côté de ce réduit... Il y en avoit un autre.

Le Pere de Famille.
Achevez.

S.ᵗ Albin.
Je le loue. J'y fais porter les meubles qui conviennent à un indigent. Je m'y loge, & je deviens son voisin sous le nom de Sergi & sous cet habit.

Le Pere de Famille.
Ah, je respire !... Graces à Dieu, du moins je ne vois plus en lui qu'un insensé.

S.ᵗ Albin.
Jugez si j'aimois !... Qu'il va m'en coûter cher !... Ah !

Le Pere de Famille.
Revenez à vous, & songez à mériter

par une entiere confiance le pardon de votre conduite.

S.t ALBIN.

Mon pere, vous sçaurez tout. Hélas, je n'ai que ce moyen pour vous fléchir !... La premiere fois que je la vis, ce fut à l'Eglise. Elle étoit à genoux, aux pieds des autels, auprès d'une femme âgée que je pris d'abord pour sa mere. Elle attachoit tous les regards... Ah, mon pere, quelle modestie ! quels charmes !... Non, je ne puis vous rendre l'impression qu'elle fit sur moi. Quel trouble j'éprouvai ! Avec quelle violence mon cœur palpita ! Ce que je ressentis ! Ce que je devins !... Depuis cet instant je ne pensai, je ne rêvai qu'elle. Son image me suivit le jour, m'obséda la nuit, m'agita par-tout. J'en perdis la gaieté, la santé, le repos. Je ne pûs vivre sans chercher à la retrouver. J'allois par-tout où j'espérois de la revoir. Je languissois, je périssois, vous le sçavez ; lorsque je découvris que cette femme âgée qui l'accompagnoit, se nommoit

Madame Hébert, que Sophie l'appelloit sa bonne ; & que reléguées toutes deux à un quatriéme étage, elles y vivoient d'une vie misérable... Vous avouerai-je les espérances que je conçûs alors, les offres que je fis, tous les projets que je formai ? Que j'eus lieu d'en rougir, lorsque le Ciel m'eut inspiré de m'établir à côté d'elle !.. Ah, mon pere, il faut que tout ce qui l'approche, devienne honnête ou s'en éloigne... Vous ignorez ce que je dois à Sophie, vous l'ignorez... Elle m'a changé. Je ne suis plus ce que j'étois... Dès les premiers instans, je sentis les desirs honteux s'éteindre dans mon ame, le respect & l'admiration leur succéder. Sans qu'elle m'eût arrêté, contenu, peut-être même avant qu'elle eût levé les yeux sur moi, je devins timide ; de jour en jour je le devins davantage, & bien-tôt il ne me fut pas plus libre d'attenter à sa vertu qu'à sa vie.

LE PERE DE FAMILLE.

Et que font ces femmes ? Quelles sont leurs ressources ?

S.t ALBIN.

Ah, si vous connoissiez la vie de ces infortunées ! Imaginez que leur travail commence avant le jour, & que souvent elles y passent les nuits. La bonne file au rouet. Une toile dure & grossiere est entre les doigts tendres & délicats de Sophie, & les blesse. Ses yeux, les plus beaux yeux du monde, s'usent à la lumiere d'une lampe. Elle vit sous un toît, entre quatre murs tout dépouillés. Une table de bois, deux chaises de paille, un grabat ; voilà ses meubles... O Ciel, quand tu la formas, étoit-ce là le sort que tu lui destinois ?

LE PERE DE FAMILLE.

Et comment eûtes-vous accès ? Soyez vrai.

S.t ALBIN.

Il est inoui tout ce qui s'y opposoit, tout ce que je fis. Etabli auprès d'elles, je ne cherchai point d'abord à les voir ; mais quand je les rencontrois en descendant, en montant, je les saluois avec respect.

Le soir quand je rentrois (car le jour on me croyoit à mon travail), j'allois doucement frapper à leur porte, & je leur demandois les petits services qu'on se rend entre voisins, comme de l'eau, du feu, de la lumiere. Peu-à-peu elle se firent à moi. Elles prirent de la confiance. Je m'offris à les servir dans des bagatelles. Par exemple, elles n'aimoient pas sortir à la nuit, j'allois & je venois pour elles.

LE PERE DE FAMILLE.

Que de mouvemens & de soins! Et à quelle fin! Ah, si les gens de bien!... Continuez.

St ALBIN.

Un jour j'entens frapper à ma porte. C'étoit la bonne. J'ouvre. Elle entre sans parler, s'assied, & se met à pleurer. Je lui demande ce qu'elle a. Sergi, me dit-elle, ce n'est pas sur moi que je pleure. Née dans la misere, j'y suis faite ; mais cette enfant me désole... Qu'a-t-elle ? Que vous est-il arrivé?... Hélas, répond la bonne, depuis huit jours nous n'avons plus d'ouvrage, & nous fommes fur le point de manquer de pain. Ciel ! m'écriai-je, tenez, allez, courez. Après cela... je me renfermai, & l'on ne me vit plus.

Le Pere de Famille.

J'èntens. Voilà le fruit des fentimens qu'on leur infpire. Ils ne fervent qu'à les rendre plus dangereux.

S. Albin.

On s'apperçut de ma retraite, & je m'y attendois. La bonne Madame Hébert m'en fit des reproches. Je m'enhardis. Je l'interrogeai fur leur fituation. Je peignis la mienne comme il me plut. Je propofai d'affocier notre indigence, & de l'alléger en vivant en commun. On fit des difficultés. J'infiftai, & l'on confentit à la fin. Jugez de ma joie ? Hélas, elle a bien peu duré, & qui fçait combien ma peine durera !

Hier j'arrivai à mon ordinaire. Sophie étoit feule. Elle avoit les coudes appuyés fur fa table, & la tête panchée fur fa main. Son ouvrage étoit tombé à fes pieds. J'entrai sans qu'elle m'entendît. Elle soupiroit. Des larmes s'échappoient d'entre ses doigts, & couloient le long de ses bras. Il y avoit déjà quelque tems que je la trouvois triste... Pourquoi pleuroit-elle ? Qu'est-ce qui l'affligeoit ? Ce n'étoit plus le besoin. Son travail & mes attentions pourvoyoient à tout... Menacé du seul malheur que je redoutois, je ne balançai point. Je me jettai à ses genoux. Quelle fut sa surprise ! Sophie, lui dis-je, vous pleurez ! Qu'avez-vous ? Ne me celez pas votre peine. Parlez-moi ; de grace, parlez-moi. Elle se taisoit. Ses larmes continuoient de couler. Ses yeux où la sérénité n'étoit plus, noyés dans les pleurs, se tournoient sur moi, s'en éloignoient, y revenoient. Elle disoit seulement : pauvre Sergi ! malheureuse Sophie ! Cependant j'avois baissé mon visage sur ses genoux, & je mouillois son tablier de mes larmes. Alors la bonne rentra. Je me leve. Je cours à elle. Je l'interroge. Je reviens à Sophie. Je la conjure. Elle s'obstine au silence. Le déséspoir s'empare de moi. Je marche dans la chambre sans sçavoir ce que je fais. Je m'écrie douloureusement, c'est fait de moi. Sophie, vous voulez nous quitter ; c'est fait de moi. A ces mots ses pleurs redoublent, & elle retombe sur sa table comme je l'avois trouvée. La lueur pâle & sombre d'une petite lampe éclairoit cette scene de douleur qui a duré toute la nuit. A l'heure que le travail est censé m'appeller, je suis sorti, & je me retirois ici accablé de ma peine...

LE PERE DE FAMILLE.
Tu ne pensois pas à la mienne.

St ALBIN.
Mon pere.

LE PERE DE FAMILLE.
Que voulez-vous ? Qu'espérez-vous ?

St ALBIN.
Que vous mettrez le comble à tout ce que vous avez fait pour moi depuis que je suis ; que vous verrez Sophie ; que vous lui parlerez ; que . . .

Le Pere de Famille.

Jeune infenfé!.. Et fçavez-vous qui elle eft?

S.ᵗ Albin.

C'eſt-là ſon ſecret. Mais ſes mœurs, ſes ſentimens, ſes diſcours, n'ont rien de conforme à ſa condition préſente. Un autre état perce à-travers la pauvreté de ſon vêtement. Tout la trahit juſqu'à je ne ſçais quelle fierté qu'on lui a inſpirée, & qui la rend impénétrable ſur ſon état... Si vous voïez ſon ingénuité, ſa douceur, ſa modeſtie... Vous vous ſouvenez bien de maman... Vous ſoupirez. Eh bien, c'eſt-elle. Mon papa, voyez-la; & ſi votre fils vous a dit un mot...

Le Pere de Famille.

Et cette femme chez qui elle eft, ne vous en a rien appris?

S.ᵗ Albin.

Hélas, elle eſt auſſi réſervée que Sophie! Ce que j'en ai pû tirer, c'eſt que cette enfant eſt venue de province implorer l'aſſiſtance d'un parent, qui n'a voulu

ni

ni la voir ni la secourir. J'ai profité de cette confidence pour adoucir sa misere, sans offenser sa délicatesse. Je fais du bien à ce que j'aime, & il n'y a que moi qui le sçache.

LE PERE DE FAMILLE.

Avez-vous dit que vous aimiez ?

S.ᵗ ALBIN

(*avec vivacité*).

Moi, mon pere ?.. Je n'ai pas même entrevû dans l'avenir le moment où je l'oserois.

LE PERE DE FAMILLE.

Vous ne vous croyez donc pas aimé ?

S.ᵗ ALBIN.

Pardonnez-moi... Hélas, quelquefois je l'ai crû !...

LE PERE DE FAMILLE.

Et sur quoi ?

S.ᵗ ALBIN.

Sur des choses legéres qui se sentent mieux qu'on ne les dit. Par exemple, elle prend intérêt à tout ce qui me touche. Auparavant, son visage s'éclaircissoit à mon arrivée ; son regard s'animoit ; elle avoit plus de gaieté. J'ai crû deviner qu'elle m'attendoit. Souvent elle m'a plaint d'un travail qui prenoit toute ma journée. Je ne doute pas qu'elle n'ait prolongé le sien dans la nuit pour m'arrêter plus longtems...

Le Pere de Famille.
Vous m'avez tout dit ?

S.ᵗ Albin.
Tout.

Le Pere de Famille
(*après une pause*).
Allez vous reposer... Je la verrai.

S.ᵗ Albin.
Vous la verrez ? Ah, mon pere, vous la verrez !... Mais songez que le tems presse...

Le Pere de Famille.
Allez, & rougissez de n'être pas plus occupé des allarmes que votre conduite m'a données, & peut me donner encore.

S.ᵗ Albin.
Mon pere, vous n'en aurez plus.

SCENE VIII.
LE PERE DE FAMILLE *seul*.

DE l'honnêteté, des vertus, de l'indigence, de la jeuneſſe, des charmes, tout ce qui enchaîne les ames bien nées!... A peine délivré d'une inquiétude, je retombe dans une autre... Quel ſort!... Mais peut-être m'allarmai-je encore trop tôt... Un jeune homme paſſionné, violent, s'exagere à lui-même, aux autres... Il faut voir... Il faut appeller ici cette fille, l'entendre, lui parler... Si elle eſt telle qu'il me la dépeint, je pourrai l'intéreſſer, l'obliger... Que ſçais-je?...

SCENE IX.

LE PERE DE FAMILLE, LE COMMANDEUR *en robe de chambre & en bonnet de nuit.*

Le Commandeur.

EH bien, Monsieur d'Orbesson, vous avez vû votre fils ? De quoi s'agit-il ?

Le Pere de Famille.

Monsieur le Commandeur, vous le sçaurez. Entrons.

Le Commandeur.

Un mot, s'il vous plaît... Voilà votre fils embarqué dans une aventure qui va vous donner bien du chagrin ; n'est-ce pas ?

Le Pere de Famille.

Mon frere...

Le Commandeur.

Afin qu'un jour vous n'en prétendiez cause d'ignorance, je vous avertis que votre chere fille & ce Germeuil que vous gardez ici malgré moi, vous en préparent de leur côté, & s'il plaît à Dieu, ne vous en laisseront pas manquer.

LE PERE DE FAMILLE.

Mon frere, ne m'accorderez-vous pas un instant de repos ?

LE COMMANDEUR.

Ils s'aiment ; c'est moi qui vous le dis.

LE PERE DE FAMILLE

(*impatienté*).

Eh bien, je le voudrois.

(*Le Pere de Famille entraîne le Commandeur hors de la Scène, tandis qu'il parle*).

LE COMMANDEUR.

Soyez content. D'abord ils ne peuvent ni se souffrir, ni se quitter. Ils se brouillent sans cesse, & sont toûjours bien. Prêts à s'arracher les yeux sur des riens, ils ont une ligue offensive & défensive envers & contre tous. Qu'on s'avise de remarquer en eux quelques-uns des défauts dont ils se reprennent, on y sera bien venu...

Hâtez-vous de les séparer ; c'est moi qui vous le dis...

LE PERE DE FAMILLE.

Allons, Monsieur le Commandeur ; entrons. Entrons, Monsieur le Commandeur.

Fin du premier Acte.

ACTE SECOND.

SCENE I.

LE PERE DE FAMILLE, CECILE, *Mademoiselle* CLAIRET, *Monsieur* LE BON, UN PAYSAN, *Madame* PAPILLON *Marchande à la toilette, avec une de ses Ouvrieres*, LA BRIE, PHILIPPE *domestique qui vient se présenter, Un Homme vêtu de noir qui a l'air d'un pauvre honteux, & qui l'est.*

Toutes ces personnes arrivent les unes après les autres. Le paysan se tient debout, le corps panché sur son bâton. Madame Papillon assise dans un fauteuil, s'essuie le visage avec son mouchoir; sa fille de boutique est debout à côté d'elle, avec un petit carton sous le bras. Monsieur Le Bon est étalé négligemment sur un canapé. L'homme vêtu de noir est retiré à l'écart, debout dans un coin auprès d'une fenêtre. La Brie est en veste & en papillotes. Philippe est habillé. La Brie tourne autour de lui, & le regarde un peu de travers ; tandis que Monsieur Le Bon examine avec sa lorgnette la fille de boutique de Madame Papillon.

Le Pere de Famille entre, & tout le monde se leve.

Il est suivi de sa fille, & sa fille précédée de sa femme-de-chambre qui porte le déjeuner de sa maîtresse. Mademoiselle Clairet fait en passant un petit salut de protection à Madame Papillon. Elle sert le déjeuner de sa maîtresse sur une petite table. Cécile s'assied d'un côté de cette table. Le Pere de Famille est assis de l'autre. Mademoiselle Clairet est debout derriere le fauteuil de sa maîtresse.

Cette Scène est composée de deux Scènes simultanées. Celle de Cécile se dit à demi-voix.

LE PERE DE FAMILLE
(au Paysan).

Ah, c'est vous qui venez enchérir sur

le bail de mon fermier de Limeuil. J'en suis content. Il est exact. Il a des enfans. Je ne suis pas fâché qu'il fasse avec moi ses affaires. Retournez-vous-en.

(*Mademoiselle Clairet fait signe à Madame Papillon d'approcher*).

CÉCILE
(*à Madame Papillon, bas*).

M'apportez-vous de belles choses ?

LE PERE DE FAMILLE
(*à son Intendant*).

Eh bien, Monsieur le Bon, qu'est-ce qu'il y a ?

Mme PAPILLON.
(*bas à Cécile*).

Mademoiselle, vous allez voir.

M.^r LE BON.

Ce débiteur dont le billet est échu depuis un mois, demande encore à différer son payement.

LE PERE DE FAMILLE.

Les tems sont durs ; accordez-lui le délai qu'il demande. Risquons une petite somme, plûtôt que de le ruiner.

(*Pendant que la Scène marche, Madame Papillon & sa fille de boutique déployent sur des fauteuils des Perses, des Indiennes, des satins de Hollande, &c. Cécile, tout en prenant son caffé, regarde, approuve, desapprouve, fait mettre à part, &c.*).

M.ʳ LE BON.

Les ouvriers qui travailloient à votre maison d'Orsigny, sont venus.

LE PERE DE FAMILLE.

Faites leur compte.

M.ʳ LE BON.

Cela peut aller au-delà des fonds.

LE PERE DE FAMILLE.

Faites toûjours. Leurs besoins sont plus pressans que les miens, & il vaut mieux que je sois gêné qu'eux.

(*A sa fille*).

Cécile, n'oubliez pas mes pupilles. Voyez s'il n'y a rien là qui leur convienne...

(*Ici il apperçoit le pauvre honteux. Il se leve avec empressement. Il s'avance vers lui, & lui dit bas :*)

Pardon, Monsieur ; je ne vous voyois

pas... Des embarras domestiques m'ont occupé... Je vous avois oublié.

(*Tout en parlant, il tire une bourse qu'il lui donne furtivement; & tandis qu'il le reconduit & qu'il revient, l'autre Scène avance*).

Mlle CLAIRET.

Ce dessein est charmant.

CÉCILE.

Combien cette piéce?

Mme PAPILLON.

Dix louis, au juste.

Mlle CLAIRET.

C'est donner.

(*Cécile paye*).

LE PERE DE FAMILLE
(*en revenant, bas & d'un ton de commisération*).

Une famille à élever; un état à soûtenir, & point de fortune!

CÉCILE.

Qu'avez-vous-là, dans ce carton?

LA FILLE DE BOUTIQUE.

Ce sont des dentelles.

(*Elle ouvre son carton*).

CÉCILE
(*vivement*).

Je ne veux pas les voir. Adieu, Madame Papillon.

(*Mademoiselle Clairet, Madame Papillon & sa fille de boutique sortent*).

M.^r LE BON.

Ce voisin qui a formé des prétentions sur votre terre, s'en désisteroit peut-être, si...

LE PERE DE FAMILLE.

Je ne me laisserai pas dépouiller. Je ne sacrifierai point les intérêts de mes enfans à l'homme avide & injuste. Tout ce que je puis, c'est de céder, si l'on veut, ce que la poursuite de ce procès pourra me coûter. Voyez.

(*Monsieur le Bon sort*).

LE PERE DE FAMILLE

(*le rappelle & lui dit*) :

A-propos, Monsieur le Bon. Souvenez-vous de ces gens de province. Je viens d'apprendre qu'ils ont envoyé ici un de leurs enfans : tâchez de me le découvrir.

(à la Brie, qui s'occupoit à ranger le Sallon).

Vous n'êtes plus à mon service. Vous connoissiez le déréglement de mon fils. Vous m'avez menti. On ne ment pas chez moi.

CÉCILE
(intercédant).

Mon pere.

LE PERE DE FAMILLE.

Nous sommes bien étranges. Nous les avilissons. Nous en faisons de malhonnêtes gens ; & lorsque nous les trouvons tels, nous avons l'injustice de nous en plaindre.

(à la Brie).

Je vous laisse votre habit, & je vous accorde un mois de vos gages. Allez.

(à Philippe).

Est-ce vous dont on vient de me parler ?

PHILIPPE.

Oui, Monsieur.

LE PERE DE FAMILLE.

Vous avez entendu pourquoi je le renvoye. Souvenez-vous-en. Allez, & ne laissez entrer personne.

SCENE II.
LE PERE DE FAMILLE, CECILE.

LE PERE DE FAMILLE.

MA fille, avez-vous réfléchi?

CÉCILE.

Oui, mon pere.

LE PERE DE FAMILLE.

Qu'avez-vous résolu?

CÉCILE.

De faire en tout votre volonté.

LE PERE DE FAMILLE.

Je m'attendois à cette réponse.

CÉCILE.

Si cependant il m'étoit permis de choisir un état...

LE PERE DE FAMILLE.

Quel est celui que vous préféreriez?... Vous hésitez... Parlez, ma fille.

CÉCILE.

Je préférerois la retraite.

LE PERE DE FAMILLE.

Que voulez-vous dire ? Un couvent ?

CÉCILE.

Oui, mon pere. Je ne vois que cet asile contre les peines que je crains.

LE PERE DE FAMILLE.

Vous craignez des peines, & vous ne pensez pas à celles que vous me causeriez ? Vous m'abandonneriez ? Vous quitteriez la maison de votre pere, pour un cloître ? la société de votre oncle, de votre frere, & la mienne, pour la servitude ? Non, ma fille, cela ne sera point. Je respecte la vocation religieuse, mais ce n'est pas la vôtre. La Nature, en vous accordant les qualités sociales, ne vous destina point à l'inutilité... Cécile, vous soupirez... Ah, si ce dessein te venoit de quelque cause secrete, tu ne sçais pas le sort que tu te préparerois. Tu n'as pas entendu les gémissemens des infortunées dont tu irois augmenter le nombre. Ils percent la nuit & le silence de leurs prisons. C'est alors, mon enfant, que les larmes coulent ameres & sans témoin, & que les couches solitaires en sont arrosées... Mademoiselle, ne me parlez jamais de couvent... Je n'aurai point donné la vie à un enfant ; je ne l'aurai point élevé ; je n'aurai point travaillé sans relâche à assûrer son bonheur, pour le laisser descendre tout vif dans un tombeau, & avec lui mes espérances, & celles de la société trompées... Et qui la repeuplera de citoyens vertueux, si les femmes les plus dignes d'être des meres de famille, s'y refusent ?

CÉCILE.

Je vous ai dit, mon pere, que je ferois en tout votre volonté.

LE PERE DE FAMILLE

Ne me parlez donc jamais de couvent.

CÉCILE.

Mais j'ose espérer que vous ne contraindrez pas votre fille à changer d'état, & que du-moins il lui sera permis de passer des jours tranquilles & libres à côté de vous.

Le Pere de Famille.

Si je ne confidérois que moi, je pourrois approuver ce parti. Mais je dois vous ouvrir les yeux fur un tems où je ne ferai plus... Cécile, la Nature a fes vûes; & fi vous regardez bien, vous verrez fa vengeance fur tous ceux qui les ont trompées; les hommes punis du célibat par le vice, les femmes par le mépris & par l'ennui... Vous connoiffez les différens états; dites-moi, en eft-il un plus trifte & moins confidéré que celui d'une fille âgée? Mon enfant, paffé trente ans on fuppofe quelque défaut de corps ou d'efprit à celle qui n'a trouvé perfonne qui fût tenté de fupporter avec elle les peines de la vie. Que cela foit ou non, l'âge avance, les charmes paffent, les hommes s'éloignent, la mauvaife humeur prend; on perd fes parens, fes connoiffances, fes amis. Une fille furannée n'a plus autour d'elle que des indifférens qui la négligent, ou des ames intéreffées qui comptent fes jours. Elle le fent; elle s'en afflige ; elle vit fans qu'on la confole, & meurt fans qu'on la pleure.

CÉCILE.

Cela eft vrai. Mais eft-il un état fans peine ; & le mariage n'a-t-il pas les fiennes ?

LE PERE DE FAMILLE.

Qui le fçait mieux que moi ? Vous me l'apprenez tous les jours. Mais c'eft un état que la Nature impofe. C'eft la vocation de tout ce qui refpire... Ma fille, celui qui compte fur un bonheur fans mélange, ne connoît ni la vie de l'homme, ni les deffeins du Ciel fur lui... Si le mariage expofe à des peines cruelles, c'eft auffi la fource des plaifirs les plus doux. Où font les exemples de l'intérêt pur & fincere, de la tendreffe réelle, de la confiance intime, des fecours continus, des fatisfactions réciproques, des chagrins partagés, des foupirs entendus, des larmes confondues, fi ce n'eft dans le mariage ? Qu'eft-ce que l'homme de bien préfére à fa femme ? Qu'y-a-t-il au monde qu'un pere aime plus que son enfant?.. O lien sacré des époux, si je pense à vous, mon ame s'échauffe & s'éleve!.. O noms tendres de fils & de fille, je ne vous prononçai jamais sans tressaillir, sans être touché! Rien n'est plus doux à mon oreille; rien n'est plus intéressant à mon cœur... Cécile, rappellez-vous la vie de votre mere: en est-il une plus douce que celle d'une femme qui a employé sa journée à remplir les devoirs d'épouse attentive, de mere tendre, de maîtresse compatissante?.. Quel sujet de réfléxions délicieuses elle emporte en son cœur, le soir, quand elle se retire!

CÉCILE.

Oui, mon pere. Mais où sont les femmes comme elle, & les époux comme vous?

LE PERE DE FAMILLE.

Il en est, mon enfant; & il ne tiendroit qu'à toi d'avoir le sort qu'elle eut.

CÉCILE

S'il suffisoit de regarder autour de soi,

d'écouter sa raison & son cœur...

LE PERE DE FAMILLE.

Cécile, vous baissez les yeux. Vous tremblez. Vous craignez de parler... Mon enfant, laisse-moi lire dans ton ame. Tu ne peux avoir de secret pour ton pere; & si j'avois perdu ta confiance, c'est en moi que j'en chercherois la raison... Tu pleures...

CÉCILE.

Votre bonté m'afflige. Si vous pouviez me traiter plus sévérement.

LE PERE DE FAMILLE.

L'auriez-vous mérité? Votre cœur vous feroit-il un reproche?

CÉCILE.

Non, mon pere.

LE PERE DE FAMILLE,

Qu'avez-vous donc?

CÉCILE.

Rien.

LE PERE DE FAMILLE

Vous me trompez, ma fille.

CÉCILE.

Je suis accablée de votre tendresse... Je voudrois y répondre.

LE PERE DE FAMILLE.

Cécile, auriez-vous distingué quelqu'un ? Aimeriez-vous ?

CÉCILE.

Que je serois à plaindre !

LE PERE DE FAMILLE.

Dites. Dis mon enfant. Si tu ne me supposes pas une sévérité que je ne connus jamais, tu n'auras pas une réserve déplacée. Vous n'êtes plus un enfant. Comment blamerois-je en vous un sentiment que je fis naître dans le cœur de votre mere ? O vous qui tenez sa place dans ma maison, & qui me représentez, imitez-la dans la franchise qu'elle eut avec celui qui lui avoit donné la vie, & qui voulut son bonheur & le mien... Cécile, vous ne me répondez rien ?

CÉCILE.

Le sort de mon frere me fait trembler.

LE PERE DE FAMILLE.

Votre frere est un fou.

CÉCILE.

Peut-être ne me trouveriez-vous pas plus raisonnable que lui.

LE PERE DE FAMILLE.

Je ne crains pas ce chagrin de Cécile. Sa prudence m'est connue; & je n'attens que l'aveu de son choix, pour le confirmer.

(*Cécile se tait. Le Pere de Famille attend un moment; puis il continue d'un ton sérieux & même un peu chagrin*).

Il m'eût été doux d'apprendre vos sentimens de vous-même; mais de quelque maniere que vous m'en instruisiez, je serai satisfait. Que ce soit par la bouche de votre oncle, de votre frere, ou de Germeuil, il n'importe... Germeuil est notre ami commun... C'est un homme sage & discret... Il a ma confiance... Il ne me paroît pas indigne de la vôtre.

CÉCILE.

C'est ainsi que j'en pense.

Le Pere de Famille.

Je lui dois beaucoup. Il est tems que je m'acquitte avec lui.

Cécile.

Vos enfans ne mettront jamais de bornes ni à votre autorité, ni à votre reconnoissance... Jusqu'à présent il vous a honoré comme un pere, & vous l'avez traité comme un de vos enfans.

Le Pere de Famille.

Ne sçauriez-vous point ce que je pourrois faire pour lui ?

Cécile.

Je crois qu'il faut le consulter lui-même... Peut-être a-t-il des idées... Peut-être... Quel conseil pourrois-je vous donner ?

Le Pere de Famille.

Le Commandeur m'a dit un mot.

Cécile
(*avec vivacité*).

J'ignore ce que c'est ; mais vous connoissez mon oncle. Ah, mon pere, n'en croyez rien.

LE PERE DE FAMILLE.

Il faudra donc que je quitte la vie sans avoir vû le bonheur d'aucun de mes enfans... Cécile... Cruels enfans, que vous ai-je fait pour me désoler?... J'ai perdu la confiance de ma fille. Mon fils s'est précipité dans des liens que je ne puis approuver, & qu'il faut que je rompe...

SCENE III.
LE PERE DE FAMILLE, CECILE, PHILIPPE.

PHILIPPE.

Monsieur, il y a là deux femmes qui demandent à vous parler.

LE PERE DE FAMILLE.

Faites entrer.

(*Cécile se retire. Son pere la rappelle & lui dit tristement*).

Cécile !

CÉCILE.

Mon pere.

Le Pere de Famille.
Vous ne m'aimez donc plus ?
(*Les femmes annoncées entrent, & Cécile sort avec son mouchoir sur les yeux*).

SCENE IV.
LE PERE DE FAMILLE, SOPHIE, Mme HEBERT.

Le Pere de Famille
(*appercevant Sophie, dit d'un ton triste, & avec l'air étonné*)

Il ne m'a point trompé. Quels charmes ! Quelle modestie ! Quelle douceur !... Ah !...

Mme Hébert.
Monsieur, nous nous rendons à vos ordres.

Le Pere de Famille.
C'est vous, Mademoiselle, qui vous appellez Sophie ?

Sophie
(*tremblante, troublée*).
Oui, Monsieur.

Le Père de Famille
(*à Madame Hébert*).

Madame, j'aurois un mot à dire à Mademoiselle. J'en ai entendu parler, & je m'y intéresse.

(*Madame Hébert se retire*).

Sophie
(*toûjours tremblante, la retenant par le bras*).

Ma bonne ?

Le Père de Famille.

Mon enfant, remettez-vous. Je ne vous dirai rien qui puisse vous faire de la peine.

Sophie.

Hélas !

(*Madame Hébert va s'asseoir sur le fond de la salle; elle tire son ouvrage & travaille*).

Le Père de Famille
(*conduit Sophie à une chaise, & la fait asseoir à côté de lui*).

D'où êtes-vous, Mademoiselle ?

Sophie.

Je suis d'une petite ville de province.

Le Pere de Famille.
Y a-t-il long-tems que vous êtes à Paris ?
Sophie.
Pas long-tems, & plût au Ciel que je n'y fuſſe jamais venue !
Le Pere de Famille.
Qu'y faites-vous ?
Sophie.
J'y gagne ma vie par mon travail.
Le Pere de Famille.
Vous êtes bien jeune.
Sophie.
J'en aurai plus long-tems à ſouffrir.
Le Pere de Famille.
Avez-vous Monſieur votre pere ?
Sophie.
Non, Monſieur.
Le Pere de Famille.
Et votre mere ?
Sophie.
Le Ciel me l'a conſervée. Mais elle a eu tant de chagrins ; ſa ſanté eſt ſi chancelante, & ſa miſere ſi grande !

LE PERE DE FAMILLE.

Votre mere est donc bien pauvre?

SOPHIE.

Bien pauvre. Avec cela, il n'en est point au monde dont j'aimasse mieux être la fille.

LE PERE DE FAMILLE.

Je vous loue de ce sentiment ; vous paroissez bien née... Et qu'étoit votre pere?

SOPHIE.

Mon pere fut un homme de bien. Il n'entendit jamais le malheureux, sans en avoir pitié. Il n'abandonna pas ses amis dans la peine, & il devint pauvre. Il eut beaucoup d'enfans de ma mere ; nous demeurâmes tous sans ressource à sa mort... J'étois bien jeune alors... Je me souviens à peine de l'avoir vû... Ma mere fut obligée de me prendre entre ses bras, & de m'élever à la hauteur de son lit pour l'embrasser & recevoir sa bénédiction... Je pleurois. Hélas! je ne sentois pas tout ce que je perdois!

LE PERE DE FAMILLE.

Elle me touche... Et qu'est-ce qui vous a fait quitter la maison de vos parens & votre pays ?

SOPHIE.

Je suis venue ici avec un de mes freres implorer l'assistance d'un parent, qui a été bien dur envers nous. Il m'avoit vûe autrefois en province. Il paroissoit avoir pris de l'affection pour moi, & ma mere avoit espéré qu'il s'en ressouviendroit. Mais il a fermé sa porte à mon frere, & il m'a fait dire de n'en pas approcher.

LE PERE DE FAMILLE.

Qu'est devenu votre frere ?

SOPHIE.

Il s'est mis au service du Roi. Et moi je suis restée avec la personne que vous voyez, & qui a la bonté de me regarder comme son enfant.

LE PERE DE FAMILLE.

Elle ne paroît pas fort aisée.

SOPHIE.

Elle partage avec moi ce qu'elle a.

Le Pere de Famille.

Et vous n'avez plus entendu parler de ce parent ?

Sophie.

Pardonnez-moi, Monsieur. J'en ai reçû quelques secours. Mais de quoi cela sert-il à ma mere !

Le Pere de Famille.

Votre mere vous a donc oubliée ?

Sophie.

Ma mere avoit fait un dernier effort pour nous envoyer à Paris. Hélas, elle attendoit de ce voyage un succès plus heureux. Sans cela, auroit-elle pû se résoudre à m'éloigner d'elle ? Depuis elle n'a plus sçû comment me faire revenir. Elle me mande cependant qu'on doit me reprendre, & me ramener dans peu. Il faut que quelqu'un s'en soit chargé par pitié. Ho, nous sommes bien à plaindre !

Le Pere de Famille.

Et vous ne connoîtriez ici personne qui pût vous secourir ?

Sophie.

Personne.

LE PERE DE FAMILLE.
Et vous travaillez pour vivre?
SOPHIE.
Oui, Monsieur.
LE PERE DE FAMILLE.
Et vous vivez seules?
SOPHIE.
Seules.
LE PERE DE FAMILLE.
Mais qu'est-ce qu'un jeune homme dont on m'a parlé, qui s'appelle Sergi, & qui demeure à côté de vous?
Mme HÉBERT
(avec vivacité & quittant son travail).
Ah, Monsieur, c'est le garçon le plus honnête!
SOPHIE.
C'est un malheureux, qui gagne son pain comme nous, & qui a uni sa misere à la nôtre.
LE PERE DE FAMILLE.
Est-ce là tout ce que vous en sçavez?
SOPHIE.
Oui, Monsieur.

LE PERE DE FAMILLE.

Eh bien, Mademoiselle, ce malheureux-là...

SOPHIE.

Vous le connoissez ?

LE PERE DE FAMILLE.

Si je le connois !.. c'est mon fils.

SOPHIE.

Votre fils !

Mme HÉBERT.
(*en même tems*).

Sergi !

LE PERE DE FAMILLE.

Oui, Mademoiselle.

SOPHIE.

Ah, Sergi, vous m'avez trompée !

LE PERE DE FAMILLE.

Fille aussi vertueuse que belle, connoissez le danger que vous avez couru.

SOPHIE.

Sergi est votre fils !

LE PERE DE FAMILLE.

Il vous estime, vous aime ; mais sa
passion

passion prépareroit votre malheur & le sien, si vous la nourrissiez.

SOPHIE.

Pourquoi suis-je venue dans cette ville ? Que ne m'en suis-je allée lorsque mon cœur me le disoit !

LE PERE DE FAMILLE.

Il en est tems encore. Il faut aller retrouver une mere qui vous rappelle, & à qui votre séjour ici doit causer la plus grande inquiétude. Sophie, vous le voulez ?

SOPHIE.

Ah, ma mere, que vous dirai-je ?

LE PERE DE FAMILLE
(*à Madame Hébert*).

Madame, vous reconduirez cet enfant, & j'aurai soin que vous ne regrettiez pas la peine que vous aurez prise.

(*Madame Hébert fait la révérence*).

LE PERE DE FAMILLE
(*continuant, à Sophie*).

Mais, Sophie, si je vous rends à votre mere, c'est à vous à me rendre mon fils.

C'est à vous à lui apprendre ce que l'on doit à ses parens ; vous le sçavez si bien.

SOPHIE.

Ah, Sergi ! pourquoi...

LE PERE DE FAMILLE.

Quelque honnêteté qu'il ait mis dans ses vûes, vous l'en ferez rougir. Vous lui annoncerez votre départ, & vous lui ordonnerez de finir ma douleur & le trouble de sa famille.

SOPHIE.

Ma bonne...

Mme HÉBERT.

Mon enfant...

SOPHIE

(en s'appuyant sur elle).

Je me sens mourir...

Mme HÉBERT.

Monsieur, nous allons nous retirer, & attendre vos ordres.

SOPHIE.

Pauvre Sergi ! Malheureuse Sophie !

(Elle sort appuyée sur Madame Hébert).

SCENE V.
LE PERE DE FAMILLE *seul*.

O Loix du monde ! O préjugés cruels !... Il y a déjà si peu de femmes pour un homme qui pense & qui sent. Pourquoi faut-il que le choix en soit encore si limité !... Mais mon fils ne tardera pas à venir... Secouons, s'il se peut, de mon ame, l'impression que cet enfant y a faite... Lui représenterai-je comme il me convient, ce qu'il me doit, ce qu'il se doit à lui-même, si mon cœur est d'accord avec le sien ?...

SCENE VI.
LE PERE DE FAMILLE, St ALBIN.

St ALBIN
(*en entrant, & avec vivacité*).

Mon pere.

(*Le Pere de Famille se promene & garde le silence*).

St ALBIN
(*suivant son pere & d'un ton suppliant*).
Mon pere.

LE PERE DE FAMILLE
(*s'arrêtant, & d'un ton sérieux*).
Mon fils, si vous n'êtes pas rentré en vous-même, si la raison n'a pas recouvré ses droits sur vous, ne venez pas aggraver vos torts & mon chagrin.

St ALBIN.
Vous m'en voyez pénétré. J'approche de vous en tremblant... Je serai tranquille & raisonnable... Oui, je le ferai... Je me le suis promis.
(*Le Pere de Famille continue de se promener*).

St ALBIN
(*s'approchant avec timidité, lui dit d'une voix basse & tremblante*).
Vous l'avez vûe?

LE PERE DE FAMILLE.
Oui, je l'ai vûe. Elle est belle, & je la crois sage. Mais qu'en prétendez-vous

faire ? Un amusement ? Je ne le souffrirois pas. Votre femme ? Elle ne vous convient pas.

S.ᵗ ALBIN
(*en se contenant*).

Elle est belle, elle est sage, & elle ne me convient pas ! Quelle est donc la femme qui me convient ?

LE PERE DE FAMILLE.

Celle qui par son éducation, sa naissance, son état & sa fortune, peut assûrer votre bonheur, & satisfaire à mes espérances.

S.ᵗ ALBIN.

Ainsi le mariage sera pour moi un lien d'intérêt & d'ambition ? Mon pere, vous n'avez qu'un fils ; ne le sacrifiez pas à des vûes qui remplissent le monde d'époux malheureux. Il me faut une compagne honnête & sensible, qui m'apprenne à supporter les peines de la vie, & non une femme riche & titrée qui les accroisse. Ah souhaitez-moi la mort, & que le Ciel me l'accorde plûtôt qu'une femme comme j'en vois !

I. Partie.   . E iij

LE PERE DE FAMILLE.

Je ne vous en propose aucune ; mais je ne permettrai jamais que vous soyez à celle à laquelle vous vous êtes follement attaché. Je pourrois user de mon autorité & vous dire : Saint-Albin, cela me déplaît, cela ne sera pas, n'y pensez plus. Mais je ne vous ai jamais rien demandé sans vous en montrer la raison. J'ai voulu que vous m'approuvassiez en m'obéissant, & je vais avoir la même condescendance. Modérez-vous, & écoutez-moi.

Mon fils, il y aura bien-tôt vingt ans que je vous arrosai des premieres larmes que vous m'ayez fait répandre. Mon cœur s'épanouit en voyant en vous un ami que la Nature me donnoit. Je vous reçus entre mes bras, du sein de votre mere ; & vous élevant vers le Ciel ; & mêlant ma voix à vos cris, je dis à Dieu : ô Dieu qui m'avez accordé cet enfant, si je manque aux soins que vous m'imposez en ce jour, ou s'il ne doit pas y répondre, ne regardez point à la joie de sa mere ; reprenez-le.

Voilà le vœu que je fis sur vous & sur moi. Il m'a toûjours été présent. Je ne vous ai point abandonné au soin du mercenaire. Je vous ai appris moi-même à parler, à penser, à sentir. A mesure que vous avanciez en âge, j'ai étudié vos penchans ; j'ai formé sur eux le plan de votre éducation , & je l'ai suivi sans relâche. Combien je me suis donné de peines pour vous en épargner ? J'ai réglé votre sort à venir sur vos talens & sur vos goûts. Je n'ai rien négligé pour que vous parussiez avec distinction. Et lorsque je touche au moment de recueillir le fruit de ma sollicitude ; lorsque je me félicite d'avoir un fils qui répond à sa naissance qui le destine aux meilleurs partis, & à ses qualités personnelles qui l'appellent aux grands emplois, une passion insensée , la fantaisie d'un instant aura tout détruit ; & je verrai ses plus belles années perdues , son état manqué & mon attente trompée , & j'y consentirai ? Vous l'êtes-vous promis ?

S.ᵗ ALBIN.

Que je suis malheureux !

LE PERE DE FAMILLE.

Vous avez un oncle qui vous aime & qui vous destine une fortune considérable; un pere qui vous a consacré sa vie, & qui cherche à vous marquer en tout sa tendresse; un nom, des parens, des amis, les prétentions les plus flateuses & les mieux fondées, & vous êtes malheureux ? Que vous faut-il encore ?

S.ᵗ ALBIN.

Sophie, le cœur de Sophie, & l'aveu de mon pere.

LE PERE DE FAMILLE.

Qu'osez-vous me proposer ? De partager votre folie & le blâme général qu'elle encourroit ? Quel exemple à donner aux peres & aux enfans ? Moi, j'autoriserois par une foiblesse honteuse le désordre de la société, la confusion du sang & des rangs, la dégradation des familles ?

S.ᵗ ALBIN.

Que je suis malheureux ! Si je n'ai pas

celle que j'aime, un jour il faudra que je fois à celle que je n'aimerai pas. Car je n'aimerai jamais que Sophie. Sans cesse j'en comparerai une autre avec elle. Cette autre sera malheureuse ; je le serai aussi : vous le verrez, & vous en périrez de regret.

LE PERE DE FAMILLE.
J'aurai fait mon devoir, & malheur à vous si vous manquez au vôtre.

St ALBIN.
Mon pere, ne m'ôtez pas Sophie.

LE PERE DE FAMILLE.
Cessez de me la demander.

St ALBIN.
Cent fois vous m'avez dit qu'une femme honnête étoit la faveur la plus grande que le Ciel pût accorder. Je l'ai trouvée, & c'est vous qui voulez m'en priver ! Mon pere, ne me l'ôtez pas. A présent qu'elle sçait qui je suis, que ne doit-elle pas attendre de moi ? St Albin sera-t-il moins généreux que Sergi ? Ne me l'ôtez pas. C'est elle qui a rappellé la vertu dans mon

cœur. Elle feule peut l'y conferver.

LE PERE DE FAMILLE.

C'eft-à-dire, que fon exemple fera ce que le mien n'a pû faire.

S.ᵗ ALBIN.

Vous êtes mon pere, & vous commandez. Elle fera ma femme, & c'eft un autre empire.

LE PERE DE FAMILLE.

Quelle différence d'un amant à un époux! D'une femme à une maîtreffe! Homme fans expérience, tu ne fçais pas cela.

S.ᵗ ALBIN.

J'efpere l'ignorer toûjours.

LE PERE DE FAMILLE.

Y a-t-il un amant qui voye fa maîtreffe avec d'autres yeux, & qui parle autrement?

S.ᵗ ALBIN.

Vous avez vû Sophie!.. Si je la quitte pour un rang, des dignités, des efpérances, des préjugés, je ne méritai pas de la connoître. Mon pere, méprileriez-vous affez votre fils pour le croire?

Le Pere de Famille.
Elle ne s'est point avilie, en cédant à votre passion. Imitez-la.
S.t Albin.
Je m'avilirois en devenant son époux?
Le Pere de Famille.
Interrogez le monde.
S.t Albin.
Dans les choses indifférentes, je prendrai le monde comme il est; mais quand il s'agira du bonheur ou du malheur de ma vie, du choix d'une compagne...
Le Pere de Famille.
Vous ne changerez pas ses idées. Conformez-vous y donc.
S.t Albin.
Ils auront tout renversé, tout gâté, subordonné la nature à leurs misérables conventions, & j'y souscrirai?
Le Pere de Famille.
Ou vous en serez méprisé.
S.t Albin.
Je les fuirai.

Le Pere de Famille.

Leur mépris vous suivra, & cette femme que vous aurez entraînée, ne sera pas moins à plaindre que vous... Vous l'aimez?

S.t Albin.

Si je l'aime !

Le Pere de Famille.

Ecoutez, & tremblez sur le sort que vous lui préparez. Un jour viendra que vous sentirez toute la valeur des sacrifices que vous lui aurez faits. Vous vous trouverez seul avec elle, sans état, sans fortune, sans considération ; l'ennui & le chagrin vous saisiront. Vous la haïrez ; vous l'accablerez de reproches. Sa patience & sa douceur acheveront de vous aigrir ; vous la haïrez davantage ; vous haïrez les enfans qu'elle vous aura donnés, & vous la ferez mourir de douleur.

S.t Albin.

Moi !

Le Pere de Famille.

Vous.

S.ᵗ ALBIN.

Jamais, jamais.

LE PERE DE FAMILLE.

La passion voit tout éternel, mais la nature humaine veut que tout finisse.

S.ᵗ ALBIN.

Je cesserois d'aimer Sophie ! Si j'en étois capable, j'ignorerois, je crois, si je vous aime.

LE PERE DE FAMILLE.

Voulez-vous le sçavoir & me le prouver ? Faites ce que je vous demande.

S.ᵗ ALBIN.

Je le voudrois en vain. Je ne puis. Je suis entraîné. Mon pere, je ne puis.

LE PERE DE FAMILLE.

Insensé, vous voulez être pere ? En connoissez-vous les devoirs ? Si vous les connoissez, permettriez-vous à votre fils ce que vous attendez de moi ?

S.ᵗ ALBIN.

Ah, si j'osois répondre.

LE PERE DE FAMILLE.

Répondez.

S.t ALBIN.
Vous me le permettez?

LE PERE DE FAMILLE.
Je vous l'ordonne.

S.t ALBIN.
Lorsque vous avez voulu ma mere; lorsque toute la famille se souleva contre vous; lorsque mon grand-papa vous appella enfant ingrat, & que vous l'appellâtes au fond de votre ame pere cruel, qui de vous deux avoit raison? Ma mere étoit vertueuse & belle comme Sophie; elle étoit sans fortune comme Sophie; vous l'aimiez comme j'aime Sophie. Souffrites-vous qu'on vous l'arrachât? mon pere, & n'ai-je pas un cœur aussi?

LE PERE DE FAMILLE.
J'avois des ressources, & votre mere avoit de la naissance.

S.t ALBIN.
Qui sçait encore ce qu'est Sophie?

LE PERE DE FAMILLE.
Chimere.

S.ᵗ ALBIN.

Des reſſources ? l'amour, l'indigence m'en fourniront.

LE PERE DE FAMILLE.

Craignez les maux qui vous attendent.

S.ᵗ ALBIN.

Ne la point avoir, eſt le ſeul que je redoute.

LE PERE DE FAMILLE.

Craignez de perdre ma tendreſſe.

S.ᵗ ALBIN.

Je la recouvrerai.

LE PERE DE FAMILLE.

Qui vous l'a dit ?

S.ᵗ ALBIN.

Vous verrez couler les pleurs de Sophie; j'embraſſerai vos genoux; mes enfans vous tendront leurs bras innocens, & vous ne les repouſſerez pas.

LE PERE DE FAMILLE.

Il me connoît trop bien...
(*après une petite pauſe, il prend l'air & le ton le plus ſévere & dit*):

Mon fils, je vois que je vous parle en

vain; que la raison n'a plus d'accès auprès de vous, & que le moyen dont je craignis toûjours d'user, est le seul qui me reste. J'en userai, puisque vous m'y forcez. Quittez vos projets. Je le veux, & je vous l'ordonne par toute l'autorité qu'un pere a sur ses enfans.

St ALBIN
(avec un emportement sourd).

L'autorité, l'autorité; ils n'ont que ce mot.

LE PERE DE FAMILLE.

Respectez-le.

St ALBIN
(allant & venant).

Voilà comme ils font tous. C'est ainsi qu'ils nous aiment. S'ils étoient nos ennemis, que feroient-ils de plus?

LE PERE DE FAMILLE.

Que dites-vous? Que murmurez-vous?

St ALBIN
(toûjours de même).

Ils se croyent sages, parce qu'ils ont d'autres passions que les nôtres.

LE

LE PERE DE FAMILLE.
Taisez-vous.

S.ᵗ ALBIN.
Ils ne nous ont donné la vie que pour en disposer.

LE PERE DE FAMILLE.
Taisez-vous.

S.ᵗ ALBIN.
Ils la remplissent d'amertume : & comment seroient-ils touchés de nos peines ? ils y sont faits.

LE PERE DE FAMILLE.
Vous oubliez qui je suis & à qui vous parlez. Taisez-vous, ou craignez d'attirer sur vous la marque la plus terrible du courroux des peres.

S.ᵗ ALBIN.
Des peres ! Des peres ! Il n'y en a point... Il n'y a que des tyrans.

LE PERE DE FAMILLE.
O Ciel !

S.ᵗ ALBIN.
Oui, des tyrans.

I. Partie.

LE PERE DE FAMILLE.
Eloignez-vous de moi, enfant ingrat & dénaturé. Je vous donne ma malediction. Allez loin de moi.

(*Le fils s'en va. Mais à peine a-t-il fait quelques pas, que son pere court après lui & lui dit*) :

Ou vas-tu, malheureux ?

St ALBIN.

Mon pere.

LE PERE DE FAMILLE

(*se jette dans un fauteuil, & son fils se met à ses genoux*).

Moi, votre pere ? Vous, mon fils ? Je ne vous suis plus rien. Je ne vous ai jamais rien été. Vous empoisonnez ma vie. Vous souhaitez ma mort. Eh pourquoi a-t-elle été si long-tems différée ? Que ne suis-je à côté de ta mere ! Elle n'est plus, & mes jours malheureux ont été prolongés.

St ALBIN.

Mon pere.

LE PERE DE FAMILLE.
Eloignez-vous. Cachez-moi vos lar-

mes. Vous déchirez mon cœur, & je ne puis vous en chaffer.

SCENE VII.
LE PERE DE FAMILLE, S.ᵗ ALBIN, LE COMMANDEUR.

(*Le Commandeur entre. Saint-Albin qui étoit aux genoux de son pere, se leve, & le Pere de Famille reste dans son fauteuil, la tête panchée sur ses mains, comme un homme désolé*).

LE COMMANDEUR
(*en le montrant à Saint-Albin, qui se promene sans écouter*).

Tiens. Regarde. Vois dans quel état tu le mets. Je lui avois prédit que tu le ferois mourir de douleur, & tu vérifies ma prédiction.

(*Pendant que le Commandeur parle, le Pere de Famille se leve & s'en va. Saint-Albin se dispose à le suivre*).

LE PERE DE FAMILLE
(*en se retournant vers son fils*).

Où allez-vous? Ecoutez votre oncle. Je vous l'ordonne.

SCENE VIII.

S.ᵗ ALBIN, LE COMMANDEUR.

S.ᵗ ALBIN.

PArlez donc, Monsieur, je vous écoute... Si c'est un malheur que de l'aimer, il est arrivé, & je n'y sçais plus de remede... Si on me la refuse, qu'on m'apprenne à l'oublier... L'oublier!.. Qui? Elle? Moi? Je le pourrois? Je le voudrois? Que la malédiction de mon pere s'accomplisse sur moi, si jamais j'en ai la pensée!

LE COMMANDEUR.

Qu'est-ce qu'on te demande? De laisser là une créature que tu n'aurois jamais dû regarder qu'en passant; qui est sans bien, sans parens, sans aveu; qui vient de je ne sçais où, qui appartient à je ne sçais qui, & qui vit je ne sçais comment. On a de ces filles-là. Il y a des fous qui se ruinent pour elles; mais épouser! épouser!

S.^t A L B I N
(*avec violence*).

Monſieur le Commandeur.

Le Commandeur.

Elle te plaît? Eh bien, garde-la. Je t'aime autant celle-là qu'une autre. Mais laiſſe-nous eſpérer la fin de cette intrigue, quand il en ſera tems.

S.^t A L B I N
(*veut ſortir*).

Le Commandeur.

Où vas-tu?

S.^t A L B I N.

Je m'en vais.

Le Commandeur
(*en l'arrêtant*).

As-tu oublié que je te parle au nom de ton pere?

S.^t A L B I N.

Eh bien, Monſieur, dites. Déchirez-moi; déſéſpérez-moi. Je n'ai qu'un mot à répondre. Sophie ſera ma femme.

Le Commandeur.

Ta femme?

S.t ALBIN.
Oui, ma femme.

LE COMMANDEUR.
Une fille de rien!

S.t ALBIN.
Qui m'a appris à méprifer tout ce qui vous enchaîne & vous avilit.

LE COMMANDEUR.
N'as-tu point de hònte?

S.t ALBIN.
De la honte?

LE COMMANDEUR.
Toi, fils de Monfieur d'Orbeffon! neveu du Commandeur d'Auvilé!

S.t ALBIN.
Moi, fils de Monfieur d'Orbeffon, & votre neveu.

LE COMMANDEUR.
Voilà donc les fruits de cette éducation merveilleufe dont ton pere étoit fi vain? Le voilà ce modele de tous les jeunes gens de la Cour & de la Ville?.. Mais tu te crois riche peut-être?

S.t ALBIN.

Non.

LE COMMANDEUR.

Sçais-tu ce qui te revient du bien de ta mere?

S.t ALBIN.

Je n'y ai jamais penſé, & je ne veux pas le ſçavoir.

LE COMMANDEUR.

Ecoute. C'étoit la plus jeune de ſix enfans que nous étions, & cela dans une province où l'on ne donne rien aux filles. Ton pere, qui ne fut pas plus ſenſé que toi, s'en entêta & la prit. Mille écus de rente à partager avec ta ſœur. C'eſt quinze cents francs pour chacun; voilà toute votre fortune.

S.t ALBIN.

J'ai quinze cents livres de rente?

LE COMMANDEUR.

Tant qu'elles peuvent s'étendre.

S.t ALBIN.

Ah, Sophie, vous n'habiterez plus ſous un toît! Vous ne ſentirez plus les atteintes de la misere. J'ai quinze cents livres de rente !

LE COMMANDEUR.

Mais tu peux en attendre vingt-cinq mille de ton pere, & presque le double de moi. S.t Albin, on fait des folies, mais on n'en fait pas de plus cheres.

S.t ALBIN.

Et que m'importe la richesse, si je n'ai pas celle avec qui je la voudrois partager?

LE COMMANDEUR.

Insensé!

S.t ALBIN.

Je sçais. C'est ainsi qu'on appelle ceux qui préférent à tout une femme jeune, vertueuse & belle, & je fais gloire d'être à la tête de ces fous-là.

LE COMMANDEUR.

Tu cours à ton malheur.

S.t ALBIN.

Je mangeois du pain, je bûvois de l'eau à côté d'elle, & j'étois heureux.

LE COMMANDEUR.

Tu cours à ton malheur.

S.t ALBIN.
J'ai quinze cents livres de rente.
LE COMMANDEUR.
Que feras-tu ?
S.t ALBIN.
Elle sera nourrie, logée, vêtue, & nous vivrons.
LE COMMANDEUR.
Comme des gueux.
S.t ALBIN.
Soit.
LE COMMANDEUR.
Cela aura pere, mere, freres, sœurs ; & tu épouseras tout cela.
S.t ALBIN.
J'y suis résolu.
LE COMMANDEUR.
Je t'attens aux enfans.
S.t ALBIN.
Alors je m'adresserai à toutes les ames sensibles. On me verra. On verra la compagne de mon infortune. Je dirai mon nom, & je trouverai du secours.

Le Commandeur.
Tu connois bien les hommes.
S.ᵗ Albin.
Vous les croyez méchans.
Le Commandeur.
Et j'ai tort.
S.ᵗ Albin.
Tort ou raison ; il me restera deux appuis avec lesquels je peux défier l'univers, l'amour qui fait entreprendre, & la fierté qui sçait supporter... On n'entend tant de plaintes dans le monde, que parce que le pauvre est sans courage... & que le riche est sans humanité...
Le Commandeur.
J'entens... Eh bien, aye-la, ta Sophie. Foule aux pieds la volonté de ton pere, les loix de la décence, les bienséances de ton état. Ruine-toi. Avilis-toi. Roule-toi dans la fange. Je ne m'y oppose plus. Tu serviras d'exemple à tous les enfans qui ferment l'oreille à la voix de la raison, qui se précipitent dans des engagemens honteux, qui affligent leurs parens, & qui

deshonorent leur nom. Tu l'auras, ta Sophie, puisque tu l'as voulu; mais tu n'auras pas de pain à lui donner, ni à ses enfans qui viendront en demander à ma porte.

St ALBIN.

C'est ce que vous craignez.

LE COMMANDEUR.

Ne suis-je pas bien à plaindre?... Je me suis privé de tout pendant quarante ans. J'aurois pû me marier, & je me suis refusé cette consolation. J'ai perdu de vûe les miens pour m'attacher à ceux-ci. M'en voilà bien récompensé!.. Que dira-t-on dans le monde?.. Voilà qui sera fait : je n'oserai plus me montrer. Ou si je parois quelque part, & que l'on demande qui est cette vieille Croix qui a l'air si chagrin? on répondra tout bas, c'est le Commandeur d'Auvilé... L'oncle de ce jeune fou qui a épousé... Oui... Ensuite on se parlera à l'oreille. On me regardera. La honte & le dépit me saisiront. Je me leverai. Je prendrai ma canne, & je m'en irai... Non, je voudrois pour tout ce que je possede, lorsque tu gravissois le long des murs du Fort S.t Philippe, que quelqu'Anglois, d'un bon coup de bayonnette, t'eût envoyé dans le fossé, & que tu y fusses demeuré enseveli avec les autres. Du-moins on auroit dit : c'est dommage ; c'étoit un sujet ; & j'aurois pû solliciter une grace du Roi pour l'établissement de ta sœur... Non, il est inoui qu'il y ait jamais eu un pareil mariage dans une famille.

S.t ALBIN.
Ce sera le premier.

LE COMMANDEUR.
Et je le souffrirai ?

S.t ALBIN.
S'il vous plaît.

LE COMMANDEUR.
Tu le crois ?

S.t ALBIN.
Assûrément.

LE COMMANDEUR.
Allons, nous verrons.

S.t ALBIN.
Tout est vû.

SCENE IX.
SAINT-ALBIN, SOPHIE, M.me HEBERT.

(*Tandis que S.t Albin continue comme s'il étoit seul, Sophie & sa bonne s'avancent & parlent dans les intervalles du monologue de S.t Albin.*)

S.t ALBIN
(*après une pause en se promenant & rêvant*).

Oui, tout est vû... Ils ont conjuré contre moi... Je le sens...

SOPHIE
(*d'un ton doux & plaintif*).

On le veut... Allons, ma bonne.

S.t ALBIN.

C'est pour la premiere fois que mon pere est d'accord avec cet oncle cruel.

SOPHIE
(*en soupirant*).

Ah, quel moment !

M.me HÉBERT

Il est vrai, mon enfant.

SOPHIE.

Mon cœur se trouble.

S.t ALBIN.

Ne perdons point de tems. Il faut l'aller trouver.

SOPHIE.

Le voilà, ma bonne. C'est lui.

S.t ALBIN.

Oui, Sophie, oui, c'est moi. Je suis Sergi.

SOPHIE

(*en sanglotant*).

Non, vous ne l'êtes pas... (*Elle se retourne vers Madame Hébert*). Que je suis malheureuse! Je voudrois être morte. Ah, ma bonne! A quoi me suis-je engagée? Que vais-je lui apprendre? Que va-t-il devenir? Ayez pitié de moi... Dites-lui.

S.t ALBIN.

Sophie, ne craignez rien. Sergi vous aimoit; S.t Albin vous adore, & vous voyez l'homme le plus vrai & l'amant le plus passionné.

SOPHIE
(*soupire profondément*).

Hélas !

S.ᵗ ALBIN.

Croyez que Sergi ne peut vivre, ne veut vivre que pour vous.

SOPHIE.

Je le crois; mais à quoi cela sert-il ?

S.ᵗ ALBIN.

Dites un mot.

SOPHIE.

Quel mot ?

S.ᵗ ALBIN.

Que vous m'aimez. Sophie, m'aimez-vous ?

SOPHIE
(*en soupirant profondément*).

Ah, si je ne vous aimois pas !

S.ᵗ ALBIN.

Donnez-moi donc votre main. Recevez la mienne, & le ferment que je fais ici à la face du Ciel & de cette honnête femme qui nous a servi de mere, de n'être jamais qu'à vous.

SOPHIE.

Hélas, vous fçavez qu'une fille bien née ne reçoit & ne fait de fermens qu'aux pieds des autels.... Et ce n'eft pas moi que vous y conduirez... Ah, Sergi! C'eft à-préfent que je fens la diftance qui nous fépare.

St ALBIN

(avec violence).

Sophie, & vous auffi?

SOPHIE.

Abandonnez-moi à ma deftinée, & rendez le repos à un pere qui vous aime.

St ALBIN.

Ce n'eft pas vous qui parlez. C'eft lui. Je le reconnois cet homme dur & cruel.

SOPHIE.

Il ne l'eft point. Il vous aime.

St ALBIN.

Il m'a maudit. Il m'a chaffé. Il ne lui reftoit plus qu'à fe fervir de vous pour m'arracher la vie.

SOPHIE.

Vivez, Sergi.

S.t ALBIN.

Jurez donc que vous ferez à moi malgré lui.

SOPHIE.

Moi, Sergi ? Ravir un fils à son pere !... J'entrerois dans une famille qui me rejette !

S.t ALBIN.

Et que vous importe mon pere, mon oncle, ma sœur, & toute ma famille, si vous m'aimez ?

SOPHIE.

Vous avez une sœur ?

S.t ALBIN.

Oui, Sophie.

SOPHIE.

Qu'elle est heureuse !

S.t ALBIN.

Vous me déséspérez.

SOPHIE.

J'obéis à vos parens. Puisse le Ciel vous accorder un jour une épouse qui soit digne de vous, & qui vous aime autant que Sophie !

I. Partie.

S.ᵗ ALBIN.

Et vous le souhaitez ?

SOPHIE.

Je le dois.

S.ᵗ ALBIN.

Malheur à qui vous a connue, & qui peut être heureux sans vous !

SOPHIE.

Vous le serez. Vous jouirez de toutes les bénédictions promises aux enfans qui respecteront la volonté de leurs parens. J'emporterai celles de votre pere. Je retournerai seule à ma misere, & vous vous ressouviendrez de moi.

S.ᵗ ALBIN.

Je mourrai de douleur, & vous l'aurez voulu...

(en la regardant tristement).

Sophie...

SOPHIE.

Je ressens toute la peine que je vous cause.

S.ᵗ ALBIN
(en la regardant encore).

Sophie !...

SOPHIE
(à Madame Hébert en sanglotant).

O ma bonne, que ses larmes me font de mal!... Sergi, n'opprimez pas mon ame foible... J'en ai assez de ma douleur...

(Elle se couvre les yeux de ses mains).
Adieu, Sergi.

St ALBIN.

Vous m'abandonnez?

SOPHIE.

Je n'oublierai point ce que vous avez fait pour moi. Vous m'avez vraiment aimée. Ce n'est pas en descendant de votre état, c'est en respectant mon malheur & mon indigence que vous l'avez montré. Je me rappellerai souvent ce lieu où je vous ai connu... Ah, Sergi!

St ALBIN.

Vous voulez que je meure.

SOPHIE.

C'est moi, c'est moi qui suis à plaindre.

St ALBIN.

Sophie, où allez-vous?

SOPHIE.

Je vais subir ma destinée, partager les peines de mes sœurs, & porter les miennes dans le sein de ma mere. Je suis la plus jeune de ses enfans. Elle m'aime. Je lui dirai tout, & elle me consolera.

St ALBIN.

Vous m'aimez, & vous m'abandonnez?

SOPHIE.

Pourquoi vous ai-je connu!.. Ah!..
(*Elle s'éloigne*).

St ALBIN.

Non, non... Je ne le puis... Madame Hébert, retenez-la... Ayez pitié de nous.

Mme HÉBERT.

Pauvre Sergi!

St ALBIN
(*à Sophie*).

Vous ne vous éloignerez pas... J'irai... Je vous suivrai... Sophie, arrêtez... Ce n'est ni par vous, ni par moi que je vous conjure... Vous avez résolu mon malheur & le vôtre... C'est au nom de ces parens cruels... Si je vous perds, je ne pourrai ni les voir, ni les entendre, ni les souffrir... Voulez-vous que je les haïsse?

SOPHIE.

Aimez vos parens. Obéissez-leur. Oubliez-moi.

S.t ALBIN

(*qui s'est jetté à ses pieds, s'écrie en la retenant par ses habits*).

Sophie, écoutez... Vous ne connoissez pas S.t Albin...

SOPHIE

(*à Madame Hébert qui pleure*).

Ma bonne, venez, venez. Arrachez-moi d'ici.

S.t ALBIN

(*en se relevant*).

Il peut tout oser. Vous le conduisez à sa perte... Oui, vous l'y conduisez... (*Il marche. Il se plaint. Il se désespére. Il nomme Sophie par intervalles. Ensuite il s'appuie sur le dos d'un fauteuil, les yeux couverts de ses mains*).

SCENE X.

S.ᵗ ALBIN, CECILE, GERMEUIL.

(Pendant qu'il est dans cette situation, Cécile & Germeuil entrent).

GERMEUIL

(s'arrêtant sur le fond, & regardant tristement Saint-Albin, dit à Cécile) :

LE voilà, le malheureux ! Il est accablé, & il ignore que dans ce moment... Que je le plains !.. Mademoiselle, parlez-lui.

CÉCILE.

S.ᵗ Albin.

S.ᵗ ALBIN

(qui ne les voit point, mais qui les entend approcher, leur crie sans les regarder) :

Qui que vous soyez, allez retrouver les barbares qui vous envoyent. Retirez-vous.

CÉCILE.

Mon frere, c'est moi ; c'est Cécile qui connoît votre peine, & qui vient à vous.

S.t ALBIN
(toûjours dans la même position).
Retirez-vous.

CÉCILE.
Je m'en irai, si je vous afflige.

S.t ALBIN.
Vous m'affligez.
(Cécile s'en va ; mais son frere la rappelle d'une voix foible & douloureuse).
Cécile.

CÉCILE
(se rapprochant de son frere).
Mon frere.

S.t ALBIN
(la prenant par la main, sans changer de situation & sans la regarder).
Elle m'aimoit. Ils me l'ont ôtée. Elle me fuit.

GERMEUIL
(à lui-même).
Plût au Ciel !

S.t ALBIN.
J'ai tout perdu... Ah !

CÉCILE.
Il vous reste une sœur, un ami.

S.ᵗ ALBIN
(*se relevant avec vivacité*).
Où est Germeuil?

CÉCILE
Le voilà.

S.ᵗ ALBIN
(*il se promene un moment en silence, puis il dit*):
Ma sœur, laissez-nous.

SCENE XI.
S.ᵀ ALBIN, GERMEUIL.

S.ᵗ ALBIN
(*en se promenant, & à plusieurs reprises*).
Oui... C'est le seul parti qui me reste... & j'y suis résolu... Germeuil, personne ne nous entend?

GERMEUIL.
Qu'avez-vous à me dire?

S.ᵗ ALBIN.
J'aime Sophie ; j'en suis aimé. Vous aimez Cécile, & Cécile vous aime.

GERMEUIL.
Moi! Votre sœur!

S.ᵗ ALBIN.
Vous, ma sœur. Mais la même persécu-

tion qu'on me fait, vous attend; & si vous avez du courage, nous irons Sophie, Cécile, vous & moi chercher le bonheur loin de ceux qui nous entourent & nous tyrannisent.

GERMEUIL.

Qu'ai-je entendu?... Il ne me manquoit plus que cette confidence... Qu'osez-vous entreprendre, & que me conseillez-vous? C'est ainsi que je reconnoîtrois les bienfaits dont votre pere m'a comblé depuis que je respire? Pour prix de sa tendresse, je remplirois son ame de douleur, & je l'enverrois au tombeau en maudissant le jour qu'il me reçut chez lui?

St ALBIN.

Vous avez des scrupules, n'en parlons plus.

GERMEUIL.

L'action que vous me proposez, & celle que vous avez résolue, sont deux crimes...

(*avec vivacité*).

St Albin, abandonnez votre projet...
Vous avez encouru la disgrace de votre

pere, & vous allez la mériter ; attirer sur vous le blâme public ; vous exposer à la poursuite des loix ; désespérer celle que vous aimez... Quelles peines vous vous préparez !... Quel trouble vous me causez !...

St ALBIN.

Si je ne peux compter sur votre secours, épargnez-moi vos conseils.

GERMEUIL.

Vous vous perdez.

St ALBIN.

Le sort en est jetté.

GERMEUIL.

Vous me perdez moi-même : vous me perdez... Que dirai-je à votre pere, lorsqu'il m'apportera sa douleur ?... à votre oncle ?... Oncle cruel ! Neveu plus cruel encore !... Avez-vous dû me confier vos desseins ?... Vous ne sçavez pas... Que suis-je venu chercher ici ?... Pourquoi vous ai-je vû ?...

St ALBIN.

Adieu, Germeuil. Embrassez-moi. Je compte sur votre discrétion.

GERMEUIL.
Où courez-vous?

S.t ALBIN.
M'aſſûrer le ſeul bien dont je faſſe cas, & m'éloigner d'ici pour jamais.

SCENE XII.
GERMEUIL ſeul.

LE Sort m'en veut-il aſſez! Le voilà réſolu d'enlever ſa maîtreſſe; & il ignore qu'au même inſtant ſon oncle travaille à la faire enfermer... Je deviens coup-ſur-coup leur confident & leur complice... Quelle ſituation eſt la mienne! Je ne puis ni parler, ni me taire, ni agir, ni ceſſer... Si l'on me ſoupçonne ſeulement d'avoir ſervi l'oncle, je ſuis un traître aux yeux du neveu, & je me deshonore dans l'eſprit de ſon pere... Encore ſi je pouvois m'ouvrir à celui-ci... Mais ils ont exigé le ſecret... Y manquer, je ne le puis ni ne le dois... Voilà ce que le Commandeur a vû lorſqu'il s'eſt adreſſé à moi, à moi qu'il déteſte, pour l'exécution de l'ordre injuſte qu'il follicite… En me préfentant fa fortune & fa niece, deux appas auxquels il n'imagine pas qu'on réfifte, fon but eft de m'embarquer dans un complot qui me perde… Déjà il croit la chofe faite, & il s'en félicite… Si fon neveu le prévient, autres dangers. Il fe croira joué, il fera furieux. Il éclatera… Mais Cécile fçait tout ; elle connoît mon innocence… Eh que fervira fon témoignage contre le cri de la famille entiere qui fe foulevera ?… On n'entendra qu'elle, & je n'en pafferai pas moins pour fauteur d'un rapt ?… Dans quels embarras ils m'ont précipité, le neveu par indifcrétion, l'oncle par méchanceté !… Et toi, pauvre innocente dont les intérêts ne touchent perfonne, qui te fauvera de deux hommes violens qui ont également réfolu ta ruine ?… L'un m'attend pour la confommer, l'autre y court ; & je n'ai qu'un inftant… Mais ne le perdons pas… Emparons-nous d'abord de la lettre de cachet… Enfuite… Nous verrons.

Fin du fecond Acte.

ACTE TROISIEME.

SCENE I.
GERMEUIL, CECILE.

GERMEUIL
(*d'un ton suppliant*).

Mademoiselle.

CÉCILE.

Laissez-moi.

GERMEUIL.

Mademoiselle.

CÉCILE.

Qu'osez-vous me demander? Je recevrois la maîtresse de mon frere chez moi! chez moi! dans mon appartement! dans la maison de mon pere! Laissez-moi, vous dis-je, je ne veux pas vous entendre.

GERMEUIL.

C'est le seul asile qui lui reste, & le seul qu'elle puisse accepter.

CÉCILE.

Non, non, non.

GERMEUIL.

Je ne vous demande qu'un inftant ; que je puiffe regarder autour de moi, me reconnoître.

CÉCILE.

Non, non... Une inconnue !

GERMEUIL.

Une infortunée, à qui vous ne pourriez refufer de la commifération fi vous la voyiez.

CÉCILE.

Que diroit mon pere ?

GERMEUIL.

Le refpectai-je moins que vous ? Craindrois-je moins de l'offenfer ?

CÉCILE.

Et le Commandeur ?

GERMEUIL.

C'eft un homme fans principes.

CÉCILE.

Il en a comme tous fes pareils, quand il s'agit d'accufer & de noircir.

GERMEUIL.

Il dira que je l'ai joué, ou votre frere

se croira trahi. Je ne me justifierai jamais...
Mais qu'est-ce que cela vous importe?

CÉCILE.

Vous êtes la cause de toutes mes peines.

GERMEUIL.

Dans cette conjoncture difficile, c'est votre frere, c'est votre oncle que je vous prie de considérer ; épargnez-leur à chacun une action odieuse.

CÉCILE.

La maîtresse de mon frere! Une inconnue!.. Non, Monsieur: mon cœur me dit que cela est mal, & il ne m'a jamais trompée. Ne m'en parlez plus. Je tremble qu'on ne nous écoute.

GERMEUIL.

Ne craignez rien. Votre pere est tout à sa douleur. Le Commandeur & votre frere à leurs projets. Les gens sont écartés. J'ai pressenti votre répugnance...

CÉCILE.

Qu'avez-vous fait?

GERMEUIL.

Le moment m'a paru favorable, & je l'ai introduite ici. Elle y eſt. La voilà. Renvoyez-la, Mademoiſelle.

CÉCILE.

Germeuil, qu'avez-vous fait ?

SCENE II.

GERMEUIL, CECILE, SOPHIE, Mademoiſelle CLAIRET.

(Sophie entre ſur la ſcène comme une troublée. Elle ne voit point. Elle n'entend point. Elle ne ſçait où elle eſt. Cécile de ſon côté eſt dans une agitation extrème).

SOPHIE.

JE ne ſçais où je ſuis... Je ne ſçais où je vais... Il me ſemble que je marche dans les ténébres... Ne rencontrerai-je perſonne qui me conduiſe ?... O Ciel, ne m'abandonnez pas !

GERMEUIL

(l'appelle).

Mademoiſelle, Mademoiſelle.

SOPHIE,

SOPHIE.
Qui est-ce qui m'appelle?
GERMEUIL.
C'est moi, Mademoiselle, c'est moi.
SOPHIE.
Qui êtes-vous? Où êtes-vous? Qui que vous soyez, secourez-moi... sauvez-moi...
GERMEUIL
(*va la prendre par la main, & lui dit*):
Venez... mon enfant... Par ici.
SOPHIE
(*fait quelques pas, & tombe sur ses genoux*).
Je ne puis... La force m'abandonne... Je succombe...
CÉCILE.
O Ciel! (*à Germeuil*) Appellez... Eh non, n'appellez pas!
SOPHIE,
(*les yeux fermés & comme dans le délire de la défaillance*).
Les cruels!.. Que leur ai-je fait?
(*Elle regarde autour d'elle avec toutes les marques de l'effroi*).
I. Partie.
H

Germeuil.

Raſſûrez-vous. Je ſuis l'ami de S.ᵗ Albin, & Mademoiſelle eſt ſa ſœur.

Sophie

(après un moment de silence).

Mademoiſelle, que vous dirai-je? Voyez ma peine. Elle eſt au-deſſus de mes forces... Je ſuis à vos pieds, & il faut que j'y meure ou que je vous doive tout... Je ſuis une infortunée qui cherche un aſile... C'eſt devant votre oncle & votre frere que je fuis... Votre oncle que je ne connois pas, & que je n'ai jamais offenſé: votre frere... Ah, ce n'eſt pas de lui que j'attendois mon chagrin!.. Que vais-je devenir, ſi vous m'abandonnez?... Ils accompliront ſur moi leurs deſſeins... Secourez-moi. Sauvez-moi... Sauvez-moi d'eux. Sauvez-moi de moi-même. Ils ne ſçavent pas ce que peut oſer celle qui craint le deshonneur, & qu'on réduit à la néceſſité de haïr la vie... Je n'ai pas cherché mon malheur, & je n'ai rien à me reprocher...

Je travaillois; j'avois du pain, & je vivois tranquille... Les jours de la douleur sont venus. Ce sont les vôtres qui les ont amenés sur moi, & je pleurerai toute ma vie, parce qu'ils m'ont connue.

CÉCILE.

Qu'elle me peine!.. Oh que ceux qui peuvent la tourmenter, sont méchans!
(*Ici la pitié succede à l'agitation dans le cœur de Cécile. Elle se panche sur le dos d'un fauteuil, du côté de Sophie, & celle-ci continue*).

SOPHIE.

J'ai une mere qui m'aime... Comment reparoitrois-je devant elle?... Mademoiselle, conservez une fille à sa mere; je vous en conjure par la vôtre, si vous l'avez encore... Quand je la quittai, elle dit: Anges du Ciel, prenez cette enfant sous votre garde, & conduisez-la. Si vous fermez votre cœur à la pitié, le Ciel n'aura point entendu sa priere, & elle en mourra de douleur... Tendez la main à celle qu'on opprime, afin qu'elle vous bénisse toute fa vie... Je ne peux rien, mais il eft un Etre qui peut tout, & devant lequel les œuvres de la commifération ne font pas perdues... Mademoifelle.

(*Cécile s'approche d'elle, & lui tend les mains*).

Levez-vous...

GERMEUIL
(*à Cécile*).

Vos yeux fe rempliffent de larmes. Son malheur vous a touchée.

CÉCILE
(*à Germeuil*).

Qu'avez-vous fait!

SOPHIE.

Dieu foit loué, tous les cœurs ne font pas endurcis.

CÉCILE.

Je connois le mien. Je ne voulois ni vous voir, ni vous entendre... Enfant aimable & malheureux, comment vous nommez-vous?

SOPHIE.

Sophie.

CÉCILE
(*en l'embrassant*).

Sophie, venez.

GERMEUIL

(*se jette aux genoux de Cécile, & lui prend une main qu'il baise sans parler*).

CÉCILE.

Que me demandez-vous encore ? Ne fais-je pas tout ce que vous voulez ?
(*Cécile s'avance vers le fond du sallon avec Sophie, qu'elle remet à sa femme-de-chambre*).

GERMEUIL
(*en se relevant*).

Imprudent... Qu'allois-je lui dire ?...

Mlle CLAIRET.

J'entens, Mademoiselle. Reposez-vous sur moi.

SCENE III.
GERMEUIL, CECILE.

CÉCILE

(après un moment de silence, avec chagrin).

ME voilà, graces à vous, à la merci de mes gens.

GERMEUIL.

Je ne vous ai demandé qu'un instant pour lui trouver un asile. Quel mérite y auroit-il à faire le bien, s'il n'y avoit aucun inconvénient ?

CÉCILE.

Que les hommes font dangereux ! Pour fon bonheur, on ne peut les tenir trop loin... Homme, éloignez-vous de moi... Vous vous en allez, je crois ?

GERMEUIL.

Je vous obéis.

CÉCILE.

Fort bien. Après m'avoir mife dans la position la plus cruelle, il ne vous refte plus qu'à m'y laisser. Allez, Monsieur, allez.

GERMEUIL.

Que je suis malheureux !

CÉCILE.

Vous vous plaignez, je crois ?

GERMEUIL.

Je ne fais rien qui ne vous déplaise.

CÉCILE.

Vous m'impatientez... Songez que je suis dans un trouble qui ne me laissera rien prévoir, rien prévenir. Comment oserai-je lever les yeux devant mon pere ? S'il s'apperçoit de mon embarras & qu'il m'interroge, je ne mentirai pas. Sçavez-vous qu'il ne faut qu'un mot inconsidéré pour éclairer un homme tel que le Commandeur?.. Et mon frere ?.. Je redoute d'avance le spectacle de sa douleur. Que va-t-il devenir lorsqu'il ne retrouvera plus Sophie ?.. Monsieur, ne me quittez pas un moment, si vous ne voulez pas que tout se découvre... Mais on vient. Allez... Restez... Non, retirez vous... Ciel, dans quel état je suis ! H iiij

SCENE IV.

CECILE, LE COMMANDEUR.

LE COMMANDEUR
(à sa maniere).

Cecile, te voilà seule.

CÉCILE
(d'une voix altérée).

Oui, mon cher oncle. C'est assez mon goût.

LE COMMANDEUR.

Je te croyois avec l'ami.

CÉCILE.

Qui, l'ami?

LE COMMANDEUR.

Eh, Germeuil.

CÉCILE.

Il vient de sortir.

LE COMMANDEUR.

Que te disoit-il? Que lui disois-tu?

CÉCILE.

Des choses déplaisantes, comme c'est sa coutume.

Le Commandeur.

Je ne vous conçois pas. Vous ne pouvez vous accorder un moment. Cela me fâche. Il a de l'esprit, des talens, des connoissances, des mœurs dont je fais grand cas. Point de fortune à la vérité; mais de la naissance. Je l'estime, & je lui ai conseillé de penser à toi.

Cécile.

Qu'appellez-vous penser à moi?

Le Commandeur.

Cela s'entend. Tu n'as pas résolu de rester fille, apparemment?

Cécile.

Pardonnez-moi, Monsieur. C'est mon projet.

Le Commandeur.

Cécile, veux-tu que je te parle à cœur ouvert? Je suis entierement détaché de ton frere. C'est une ame dure, un esprit intraitable; & il vient encore tout-à-l'heure d'en user avec moi d'une maniere indigne, & que je ne lui pardonnerai de ma vie... Il peut à-présent courir tant qu'il voudra, après la créature dont il s'est entêté, je ne m'en soucie plus... On se lasse à la fin d'être bon... Toute ma tendresse s'est retirée sur toi, ma chere niéce... Si tu voulois un peu ton bonheur, celui de ton pere & le mien...

CÉCILE.

Vous devez le supposer.

LE COMMANDEUR.

Mais tu ne me demandes pas ce qu'il faudroit faire ?

CÉCILE.

Vous ne me le laisserez pas ignorer.

LE COMMANDEUR.

Tu as raison. Eh bien, il faudroit te rapprocher de Germeuil. C'est un mariage auquel tu penses bien que ton pere ne consentira pas sans la derniere répugnance. Mais je parlerai. Je leverai les obstacles. Si tu veux, j'en fais mon affaire.

CÉCILE.

Vous me conseilleriez de penser à quelqu'un qui ne seroit pas du choix de mon pere ?

LE COMMANDEUR.
Il n'eſt pas riche. Tout tient à cela. Mais, je te l'ai dit, ton frere ne m'eſt plus rien, & je vous aſſûrerai tout mon bien. Cécile, cela vaut la peine d'y réfléchir.
CÉCILE.
Moi, que je dépouille mon frere!
LE COMMANDEUR.
Qu'appelles-tu dépouiller? Je ne vous dois rien. Ma fortune eſt à moi, & elle me coûte aſſez pour en diſpoſer à mon gré.
CÉCILE.
Mon oncle, je n'examinerai point juſqu'où les parens ſont les maîtres de leur fortune, & s'ils peuvent ſans injuſtice la tranſporter où il leur plaît. Je ſçais que je ne pourrois accepter la vôtre ſans honte; & c'en eſt aſſez pour moi.
LE COMMANDEUR.
Et tu crois que S.t Albin en feroit autant pour ſa sœur?
CÉCILE.
Je connois mon frere; & s'il étoit ici,

nous n'aurions tous les deux qu'une voix.

LE COMMANDEUR.

Et que me diriez-vous?

CÉCILE.

Monsieur le Commandeur, ne me pressez pas; je suis vraie.

LE COMMANDEUR.

Tant mieux. Parle. J'aime la vérité. Tu dis?

CÉCILE.

Que c'est une inhumanité sans exemple, que d'avoir en province des parens plongés dans l'indigence, que mon pere secoure à votre insçu, & que vous frustrez d'une fortune qui leur appartient, & dont ils ont un besoin si grand; que nous ne voulons, ni mon frere ni moi, d'un bien qu'il faudroit restituer à ceux à qui les loix de la nature & de la société l'ont destiné.

LE COMMANDEUR.

Eh bien, vous ne l'aurez ni l'un ni l'autre. Je vous abandonnerai tous. Je sortirai d'une maison où tout va au-rebours du sens commun, où rien n'égale l'insolence des enfans, si ce n'est l'imbécillité du maître. Je jouirai de la vie, & je ne me tourmenterai pas davantage pour des ingrats.

CÉCILE.

Mon cher oncle, vous ferez bien.

LE COMMANDEUR.

Mademoiselle, votre approbation est de trop, & je vous conseille de vous écouter. Je sçais ce qui se passe dans votre ame; je ne suis pas la dupe de votre désintéressement, & vos petits secrets ne sont pas aussi cachés que vous l'imaginez. Mais il suffit... & je m'entens.

SCENE V.

CECILE, LE COMMANDEUR, LE PERE DE FAMILLE, St ALBIN.

(*Le Pere de Famille entre le premier. Son fils le suit*).

St ALBIN

(*violent, désolé, éperdu, ici & dans toute la scène*).

Elles n'y sont plus... On ne sçait ce

qu'elles font devenues... Elles ont difparu.

LE COMMANDEUR
(à part).

Bon. Mon ordre eft exécuté.

S.ᵗ ALBIN.

Mon pere, écoutez la priere d'un fils déféfpéré. Rendez-lui Sophie. Il eft impoffible qu'il vive fans elle. Vous faites le bonheur de tout ce qui vous environne. Votre fils fera-t-il le feul que vous ayez rendu malheureux?.. Elle n'y eft plus... Elles ont difparu... Que ferai-je?.. Quelle fera ma vie?

LE COMMANDEUR
(à part).

Il a fait diligence.

S.ᵗ ALBIN.

Mon pere.

LE PERE DE FAMILLE.

Je n'ai aucune part à leur abfence. Je vous l'ai déjà dit. Croyez-moi.

(*Cela dit, le Pere de Famille fe promene lentement, la tête baiffée, & l'air chagrin; & S.ᵗ Albin s'écrie en fe tournant vers le fond*).

S.ᵗ ALBIN

Sophie, où êtes-vous? Qu'êtes-vous devenue?.. Ah...

CÉCILE
(à part).

Voilà ce que j'avois prévû.

LE COMMANDEUR
(à part).

Confommons notre ouvrage. Allons. (à son neveu, d'un ton compatissant).
Saint-Albin.

S.ᵗ ALBIN.

Monfieur, laiffez-moi. Je ne me repens que trop de vous avoir écouté... Je la fuivois... Je l'aurois fléchie... Et je l'ai perdue!

LE COMMANDEUR.
Saint-Albin.

S.ᵗ ALBIN.
Laiffez-moi.

LE COMMANDEUR.
J'ai caufé ta peine ; & j'en fuis affligé.

S.ᵗ ALBIN.
Que je suis malheureux !

LE COMMANDEUR.
Germeuil me l'avoit bien dit. Mais aussi qui pouvoit imaginer que pour une fille, comme il y en a tant, tu tomberois dans l'état où je te vois ?

S.ᵗ ALBIN
(*avec terreur*).
Que dites-vous de Germeuil ?

LE COMMANDEUR.
Je dis... Rien...

S.ᵗ ALBIN.
Tout me manqueroit-il en un jour ; & le malheur qui me poursuit m'auroit-il encore ôté mon ami ?.. Monsieur le Commandeur, achevez.

LE COMMANDEUR.
Germeuil & moi... Je n'ose te l'avouer... Tu ne nous le pardonneras jamais...

LE PERE DE FAMILLE.
Qu'avez-vous fait ? Seroit-il possible ?.. Mon frere, expliquez-vous.

LE

LE COMMANDEUR.

Cécile... Germeuil te l'aura confié ?... Dis pour moi.

S.t ALBIN
(*au Commandeur*).

Vous me faites mourir.

LE PERE DE FAMILLE
(*avec sévérité*).

Cécile, vous vous troublez.

S.t ALBIN.

Ma sœur !

LE PERE DE FAMILLE
(*regardant encore sa fille avec sévérité*).

Cécile... Mais non, le projet est trop odieux... Ma fille & Germeuil en sont incapables.

S.t ALBIN.

Je tremble... Je frémis... O Ciel, de quoi suis-je menacé !

LE PERE DE FAMILLE
(*avec sévérité*).

Monsieur le Commandeur, expliquez-vous, vous dis-je, & cessez de me tour-

menter par les soupçons que vous répandez sur tout ce qui m'entoure.
(*Le Pere de Famille se promene : il est indigné. Le Commandeur hypocrite paroît honteux, & se taît. Cécile a l'air consterné. Saint-Albin a les yeux sur le Commandeur, & attend avec effroi qu'il s'explique*).

Le Pere de Famille
(*au Commandeur*).

Avez-vous résolu de garder encore long-tems ce silence cruel?

Le Commandeur
(*à sa niéce*).

Puisque tu te tais, & qu'il faut que je parle...

(*à Saint-Albin*).

Ta maîtresse...

S.ᵗ Albin.

Sophie...

Le Commandeur.

Est renfermée.

S.ᵗ Albin.

Grand Dieu!

LE COMMANDEUR.

J'ai obtenu la lettre de cachet... Et Germeuil s'est chargé du reste.

LE PERE DE FAMILLE.

Germeuil!

S.t ALBIN.

Lui!

CÉCILE.

Mon frere, il n'en est rien.

S.t ALBIN.

Sophie... & c'est Germeuil!
(*Il se renverse sur un fauteuil, avec toutes les marques de désespoir*).

LE PERE DE FAMILLE
(*au Commandeur*).

Et que vous a fait cette infortunée, pour ajoûter à son malheur la perte de l'honneur & de la liberté? Quels droits avez-vous sur elle?

LE COMMANDEUR.

La maison est honnête.

S.t ALBIN.

Je la vois... Je vois ses larmes. J'entens ses cris, & je ne meurs pas...

(*au Commandeur*).

Barbare, appellez votre indigne complice. Venez tous les deux; par pitié, arrachez-moi la vie... Sophie!... Mon pere, fecourez-moi. Sauvez-moi de mon défefpoir.

(*Il se jette entre les bras de son pere*).

LE PERE DE FAMILLE.

Calmez-vous, malheureux.

S.ᵗ ALBIN

(*entre les bras de son pere, & d'un ton plaintif & douloureux*).

Germeuil!.. Lui!.. Lui!..

LE COMMANDEUR.

Il n'a fait que ce que tout autre auroit fait à fa place.

S.ᵗ ALBIN

(*toûjours fur le fein de fon pere, & du même ton*).

Qui fe dit mon ami! Le perfide!

LE PERE DE FAMILLE.

Sur qui compter déformais!

LE COMMANDEUR.

Il ne le vouloit pas; mais je lui ai promis ma fortune & ma niéce.

CÉCILE.

Mon pere, Germeuil n'eſt ni vil ni perfide.

LE PERE DE FAMILLE.

Qu'eſt-il donc ?

St ALBIN.

Ecoutez, & connoiſſez-le... Ah le traître!.. Chargé de votre indignation, irrité par cet oncle inhumain, abandonné de Sophie...

LE PERE DE FAMILLE.

Eh bien ?

St ALBIN.

J'allois dans mon déſeſpoir m'en ſaiſir & l'emporter au bout du monde... Non, jamais homme ne fut plus indignement joué... Il vient à moi... Je lui ouvre mon cœur... Je lui confie ma penſée comme à mon ami... Il me blâme... Il me diſſuade... Il m'arrête; & c'eſt pour me trahir, me livrer, me perdre... Il lui en coûtera la vie.

SCENE VI.

LE PERE DE FAMILLE, LE COMMANDEUR, CECILE, S.ᵗ ALBIN, GERMEUIL.

CÉCILE
(qui l'apperçoit la premiere, court à lui & lui crie) :

GErmeuil, où allez-vous?

S.ᵗ ALBIN
(s'avance vers lui, & lui crie avec fureur).

Traître, où est-elle? Rends-la moi, & te prépares à défendre ta vie.

LE PERE DE FAMILLE
(courant après Saint-Albin).

Mon fils.

CÉCILE.

Mon frere... Arrêtez... Je me meurs...
(Elle tombe dans un fauteuil).

LE COMMANDEUR
(au Pere de Famille).

Y prend-elle intérêt? Qu'en dites-vous?

LE PERE DE FAMILLE.

Germeuil, retirez-vous.

GERMEUIL.

Monsieur, permettez que je reste.

S.t ALBIN.

Que t'a fait Sophie ? Que t'ai-je fait pour me trahir ?

LE PERE DE FAMILLE
(*toûjours à Germeuil*).

Vous avez commis une action odieuse.

S.t ALBIN.

Si ma sœur t'est chere ; si tu la voulois, ne valoit-il pas mieux ?... Je te l'avois proposé... Mais c'est par une trahison qu'il te convenoit de l'obtenir... Homme vil, tu t'es trompé... Tu ne connois ni Cécile, ni mon pere, ni ce Commandeur qui t'a dégradé, & qui jouit maintenant de ta confusion.... Tu ne répons rien... Tu te tais.

GERMEUIL
(*avec froideur & fermeté*).

Je vous écoute, & je vois qu'on ôte ici l'estime en un moment, à celui qui a passé toute sa vie à la mériter. J'attendois autre chose.

LE PERE DE FAMILLE.

N'ajoûtez pas la fausseté à la perfidie. Retirez-vous.

GERMEUIL.

Je ne suis ni faux ni perfide.

St ALBIN.

Quelle insolente intrépidité!

LE COMMANDEUR.

Mon ami, il n'est plus tems de dissimuler. J'ai tout avoué.

GERMEUIL.

Monsieur, je vous entens, & je vous reconnois.

LE COMMANDEUR.

Que veux-tu dire? Je t'ai promis ma fortune & ma niéce. C'est notre traité, & il tient.

St ALBIN
(*au Commandeur*).

Du-moins, grace à votre méchanceté, je suis le seul époux qui lui reste.

GERMEUIL

(*au Commandeur*).

Je n'eſtime pas aſſez la fortune pour en vouloir au prix de l'honneur; & votre niéce ne doit pas être la récompenſe d'une perfidie... Voilà votre lettre de cachet.

LE COMMANDEUR

(*en la reprenant*).

Ma lettre de cachet! Voyons. Voyons.

GERMEUIL.

Elle ſeroit en d'autres mains, ſi j'en avois fait uſage.

St ALBIN.

Qu'ai-je entendu? Sophie eſt libre!

GERMEUIL.

Saint-Albin, apprenez à vous méfier des apparences, & à rendre juſtice à un homme d'honneur. Monſieur le Commandeur, je vous ſalue. (*Il ſort*).

LE PERE DE FAMILLE

(*avec regret*).

J'ai jugé trop vîte. Je l'ai offenſé.

LE COMMANDEUR
(*stupéfait regarde sa lettre de cachet*).
Ce l'est... Il m'a joué.
LE PERE DE FAMILLE.
Vous méritez cette humiliation.
LE COMMANDEUR.
Fort-bien. Encouragez-les à me manquer. Ils n'y sont pas assez disposés.
S.ᵗ ALBIN.
En quelqu'endroit qu'elle soit, sa bonne doit être revenue... J'irai. Je verrai sa bonne. Je m'accuserai. J'embrasserai ses genoux. Je pleurerai. Je la toucherai, & je percerai ce mystere. (*Il sort*).
CÉCILE
(*en le suivant*).
Mon frere !
S.ᵗ ALBIN
(*à Cécile*).
Laissez-moi. Vous avez des intérêts qui ne sont pas les miens.

SCENE VII.
LE PERE DE FAMILLE, LE COMMANDEUR.

LE COMMANDEUR.

Vous avez entendu?

LE PERE DE FAMILLE.

Oui, mon frere.

LE COMMANDEUR.

Sçavez-vous où il va?

LE PERE DE FAMILLE.

Je le sçais.

LE COMMANDEUR.

Et vous ne l'arrêtez pas?

LE PERE DE FAMILLE.

Non.

LE COMMANDEUR.

Et s'il vient à retrouver cette fille?

LE PERE DE FAMILLE.

Je compte beaucoup fur elle. C'est un enfant; mais c'est un enfant bien né, & dans cette circonstance, elle fera plus que vous & moi.

LE COMMANDEUR.
Bien imaginé !
LE PERE DE FAMILLE.
Mon fils n'eſt pas dans un moment où la raiſon puiſſe quelque choſe ſur lui.
LE COMMANDEUR.
Donc il n'a qu'à ſe perdre ? J'enrage. Et vous êtes un pere de famille ? Vous ?
LE PERE DE FAMILLE.
Pourriez-vous m'apprendre ce qu'il faut faire ?
LE COMMANDEUR.
Ce qu'il faut faire ? Etre le maître chez ſoi ; ſe montrer homme d'abord, & pere après, s'ils le méritent.
LE PERE DE FAMILLE.
Et contre qui, s'il vous plaît, faut-il que j'agiſſe ?
LE COMMANDEUR.
Contre qui ? Belle queſtion ! Contre tous. Contre ce Germeuil, qui nourrit votre fils dans ſon extravagance, qui cherche à faire entrer une créature dans la famille, pour s'en ouvrir la porte à lui-mê-

me, & que je chafferois de ma maifon. Contre une fille qui devient de jour en jour plus infolente, qui me manque à moi, qui vous manquera bien-tôt à vous, & que j'enfermerois dans un couvent. Contre un fils qui a perdu tout fentiment d'honneur, qui va nous couvrir de ridicule & de honte, & à qui je rendrois la vie fi dure, qu'il ne feroit pas tenté plus long-tems de fe fouftraire à mon autorité. Pour la vieille qui l'a attiré chez elle, & la jeune dont il a la tête tournée, il y a beaux jours que j'aurois fait fauter tout cela. C'eft par où j'aurois commencé; & à votre place, je rougirois qu'un autre s'en fût avifé le premier... Mais il faudroit de la fermeté, & nous n'en avons point.

LE PERE DE FAMILLE.

Je vous entens. C'eft-à-dire que je chafferai de ma maifon un homme que j'y ai reçu au fortir du berceau, à qui j'ai fervi de pere, qui s'eft attaché à mes intérêts depuis qu'il fe connoît, qui aura perdu fes plus belles années auprès de moi, qui n'aura plus de ressource si je l'abandonne, & à qui il faut que mon amitié soit funeste si elle ne lui devient pas utile ; & cela, sous prétexte qu'il donne de mauvais conseils à mon fils, dont il a désapprouvé les projets ; qu'il sert une créature que peut-être il n'a jamais vûe ; ou plûtôt parce qu'il n'a pas voulu être l'instrument de sa perte.

J'enfermerai ma fille dans un couvent; je chargerai sa conduite ou son caractere de soupçons desavantageux ; je flétrirai moi-même sa réputation ; & cela, parce qu'elle aura quelquefois usé de represailles avec Monsieur le Commandeur ; qu'irritée par son humeur chagrine, elle sera sortie de son caractere, & qu'il lui sera échappé un mot peu mesuré.

Je me rendrai odieux à mon fils ; j'éteindrai dans son ame les sentimens qu'il me doit ; j'acheverai d'enflammer son caractere impétueux, & de le porter à quelqu'éclat qui le deshonore dans le monde tout en y entrant ; & cela, parce qu'il a rencontré une infortunée qui a des charmes

& de la vertu, & que par un mouvement de jeuneſſe qui marque au fond la bonté de ſon naturel, il a pris un attachement qui m'afflige.

N'avez-vous pas honte de vos conſeils? Vous qui devriez être le protecteur de mes enfans auprès de moi, c'eſt vous qui les accuſez: vous leur cherchez des torts; vous exagérez ceux qu'ils ont, & vous ſeriez fâché de ne leur en pas trouver.

Le Commandeur.
C'eſt un chagrin que j'ai rarement.

Le Pere de Famille.
Et ces femmes contre leſquelles vous obtenez une lettre de cachet?

Le Commandeur.
Il ne vous reſtoit plus que d'en prendre auſſi la défenſe. Allez, allez.

Le Pere de Famille.
J'ai tort. Il y a des choſes qu'il ne faut pas vouloir vous faire ſentir, mon frere. Mais cette affaire me touchoit d'aſſez près,

ce me semble, pour que vous daignassiez m'en dire un mot.

LE COMMANDEUR.

C'est moi qui ai tort, & vous avez toûjours raison.

LE PERE DE FAMILLE.

Non, Monsieur le Commandeur, vous ne ferez de moi, ni un pere injuste & cruel, ni un homme ingrat & malfaisant. Je ne commettrai point une violence, parce qu'elle est de mon intérêt ; je ne renoncerai point à mes espérances, parce qu'il est survenu des obstacles qui les éloignent ; & je ne ferai point un désert de ma maison, parce qu'il s'y passe des choses qui me déplaisent comme à vous.

LE COMMANDEUR.

Voilà qui est expliqué. Eh bien, conservez votre chere fille ; aimez-bien votre cher fils ; laissez en paix les créatures qui le perdent : cela est trop sage pour qu'on s'y oppose. Mais pour votre Germeuil, je vous avertis que nous ne pouvons plus

loger

loger lui & moi sous un même toît.... Il n'y a point de milieu. Il faut qu'il soit hors d'ici aujourd'hui, ou que j'en sorte demain.

Le Pere de Famille.

Monsieur le Commandeur, vous êtes le maître.

Le Commandeur.

Je m'en doutois. Vous seriez enchanté que je m'en allasse; n'est-ce pas ? Mais je resterai : oui je resterai ; ne fût-ce que pour vous remettre sous le nez vos sottises, & vous en faire honte. Je suis curieux de voir ce que tout ceci deviendra.

Fin du troisiéme Acte.

ACTE QUATRIEME.

SCENE I.

SAINT-ALBIN *seul.*
(*Il entre furieux*).

Tout est éclairci. Le traître est démasqué. Malheur à lui ! Malheur à lui ! C'est lui qui a emmené Sophie. Il faut qu'il périsse par mes mains...
(*Il appelle*).
Philippe.

SCENE II.

SAINT-ALBIN, PHILIPPE.

PHILIPPE.

Monsieur.

S.ᵗ ALBIN
(*en donnant une lettre*).
Portez cela.

PHILIPPE.
A qui, Monsieur ?

S.ᵗ ALBIN.

A Germeuil... Je l'attire hors d'ici. Je lui plonge mon épée dans le sein. Je lui arrache l'aveu de son crime & le secret de sa retraite, & je cours partout où me conduira l'espoir de la retrouver...

(*Il apperçoit Philippe qui est resté*).

Tu n'es pas allé, revenu ?

PHILIPPE.

Monsieur...

S.ᵗ ALBIN.

Eh bien ?

PHILIPPE.

N'y a-t-il rien là-dedans dont Monsieur votre pere soit fâché ?

S.ᵗ ALBIN.

Marchez.

SCENE III.
S.ᵗ ALBIN, CECILE.

S.ᵗ ALBIN.

Lui qui me doit tout !.. Que j'ai cent fois défendu contre le Commandeur !.. A qui...

(*En appercevant sa sœur*).

Malheureuse, à quel homme t'es-tu attachée!..

CÉCILE.

Que dites-vous? Qu'avez-vous? Mon frere, vous m'effrayez.

S.ᵗ ALBIN.

Le perfide! Le traître!.. Elle alloit dans la confiance qu'on la menoit ici... Il a abusé de votre nom...

CÉCILE.

Germeuil est innocent.

S.ᵗ ALBIN.

Il a pû voir leurs larmes, entendre leurs cris, les arracher l'une à l'autre! Le barbare!

CÉCILE.

Ce n'est point un barbare; c'est votre ami.

S.ᵗ ALBIN.

Mon ami?.. Je le voulois... Il n'a tenu qu'à lui de partager mon sort... d'aller lui & moi, vous & Sophie...

CÉCILE.

Qu'entens-je?.. Vous lui auriez proposé?.. Lui, vous, moi, votre sœur?..

S.ᵗ ALBIN.

Que ne me dit-il pas! Que ne m'opposa-t-il pas! Avec quelle fausseté!..

CÉCILE.

C'est un homme d'honneur; oui, Saint-Albin, & c'est en l'accusant que vous achevez de me l'apprendre.

S.ᵗ ALBIN.

Qu'osez-vous dire?.. Tremblez, tremblez... Le défendre, c'est redoubler ma fureur... Eloignez-vous.

CÉCILE.

Non, mon frere; vous m'écouterez. Vous verrez Cécile à vos genoux... Germeuil... Rendez-lui justice... Ne le connoissez-vous plus?.. Un moment l'a-t-il pû changer?.. Vous l'accusez! Vous!.. Homme injuste!

S.ᵗ ALBIN.

Malheur à toi, s'il te reste de la tendresse!.. Je pleure... Tu pleureras bientôt aussi.

CÉCILE
(*avec terreur & d'une voix tremblante*).
Vous avez un dessein.

St ALBIN.
Par pitié pour vous-même, ne m'interrogez pas.

CÉCILE.
Vous me haïssez.

St ALBIN.
Je vous plains.

CÉCILE.
Vous attendez mon pere.

St ALBIN.
Je le fuis, Je fuis toute la terre.

CÉCILE.
Je le vois. Vous voulez perdre Germeuil... Vous voulez me perdre... Eh bien, perdez-nous... Dites à mon pere...

St ALBIN.
Je n'ai plus rien à lui dire... Il sçait tout.

CÉCILE.
Ah Ciel !

SCENE IV.

SAINT-ALBIN, CECILE, LE PERE DE FAMILLE.

(Saint-Albin marque d'abord de l'impatience à l'approche de son pere : ensuite il reste immobile).

Le Pere de Famille.

Tu me fuis, & je ne peux t'abandonner!... Je n'ai plus de fils, & il te reste toûjours un pere!... St.-Albin, pourquoi me fuyez-vous?... Je ne viens pas vous affliger davantage, & exposer mon autorité à de nouveaux mépris... Mon fils, mon ami, tu ne veux pas que je meure de chagrin... Nous sommes seuls. Voici ton pere. Voilà ta sœur. Elle pleure, & mes larmes attendent les tiennes pour s'y mêler... Que ce moment sera doux, si tu veux!...

Vous avez perdu celle que vous aimiez, & vous l'avez perdue par la perfidie d'un homme qui vous est cher.

S.t ALBIN

(en levant les yeux au Ciel avec fureur).
Ah !

LE PERE DE FAMILLE.

Triomphez de vous & de lui. Domptez une passion qui vous dégrade. Montrez-vous digne de moi... Saint-Albin, rendez-moi mon fils.

(Saint-Albin s'éloigne. On voit qu'il voudroit répondre aux sentimens de son pere, & qu'il ne le peut pas. Son pere se méprend à son action, & dit en le suivant) :

Dieu ! Est-ce ainsi qu'on accueille un pere ! Il s'éloigne de moi... Enfant ingrat, enfant dénaturé ! Eh où irez-vous que je ne vous suive ?.. Partout je vous suivrai. Partout je vous redemanderai mon fils...

(S.t Albin s'éloigne encore, & son pere le suit, en lui criant avec violence)

Rens-moi mon fils... rens-moi mon fils.

(S.t Albin va s'appuyer contre le mur, éle-

vant ses mains & cachant sa tête entre ses bras; & son pere continue) :

Il ne me répond rien. Ma voix n'arrive plus jusqu'à son cœur. Une passion insensée l'a fermé. Elle a tout détruit. Il est devenu stupide & féroce.

(*Il se renverse dans un fauteuil, & dit*) :

O pere malheureux ! Le Ciel m'a frappé. Il me punit dans cet objet de ma foiblesse... J'en mourrai... Cruels enfans, c'est mon souhait... c'est le vôtre...

CÉCILE

(*s'approchant de son pere en sanglotant*).
Ah !.. Ah !

LE PERE DE FAMILLE.

Consolez-vous... Vous ne verrez pas long-tems mon chagrin... Je me retirerai... J'irai dans quelque endroit ignoré attendre la fin d'une vie qui vous pese.

CÉCILE

(*avec douleur, & saisissant les mains de son pere*).

Si vous quittez vos enfans, que voulez-vous qu'ils deviennent ?

LE PERE DE FAMILLE
(*après un moment de silence*).

Cécile, j'avois des vûes sur vous... Germeuil... Je disois en vous regardant tous les deux, voilà celui qui fera le bonheur de ma fille... elle relevera la famille de mon ami.

CÉCILE
(*surprise*).

Qu'ai-je entendu !

S.t ALBIN.
(*se retournant avec fureur*).

Il auroit épousé ma sœur ? Je l'appellerois mon frere ! Lui !

LE PERE DE FAMILLE.

Tout m'accable à la fois... Il n'y faut plus penser.

SCENE V.
S.ᵗ ALBIN, CÉCILE, LE PERE DE FAMILLE, GERMEUIL.

S.ᵗ Albin.

Le voilà, le voilà. Sortez, sortez tous.

Cécile.

(*en courant au-devant de Germeuil*).

Germeuil, arrêtez. N'approchez pas. Arrêtez.

Le Pere de Famille

(*en saisissant son fils par le milieu du corps, & l'entraînant hors de la salle*).

S.ᵗ Albin... mon fils...

(*Cependant Germeuil s'avance d'une démarche ferme & tranquille*).

(*S.ᵗ Albin avant que de sortir, détourne la tête, & fait signe à Germeuil*).

Cécile.

Suis-je assez malheureuse !

(*Le Pere de Famille rentre, & se rencontre sur le fond de la Salle avec le Commandeur qui se montre*).

SCENE VI.
CECILE, GERMEUIL, LE PERE DE FAMILLE, LE COMMANDEUR.

LE PERE DE FAMILLE.

Mon frere, dans un moment je suis à vous.

LE COMMANDEUR.

C'est-à-dire, que vous ne voulez pas de moi dans celui-ci. Serviteur.

SCENE VII.
CECILE, GERMEUIL, LE PERE DE FAMILLE.

LE PERE DE FAMILLE
(à Germeuil).

La division & le trouble sont dans ma maison, & c'est vous qui les causez... Germeuil, je suis mécontent. Je ne vous reprocherai point ce que j'ai fait pour vous. Vous le voudriez peut-être. Mais après la confiance que je vous ai marquée, aujourd'hui, je ne daterai pas de plus loin ; je m'attendois à autre chose de votre part... Mon fils médite un rapt ; il vous le confie, & vous me le laissez ignorer. Le Commandeur forme un autre projet odieux ; il vous le confie, & vous me le laissez ignorer.

GERMEUIL.

Ils l'avoient éxigé.

LE PERE DE FAMILLE.

Avez-vous dû le promettre ?.. Cependant cette fille disparoît, & vous êtes convaincu de l'avoir emmenée... Qu'est-elle devenue ?.. Que faut-il que j'augure de votre silence ?.. Mais je ne vous presse pas de répondre. Il y a dans cette conduite une obscurité qu'il ne me convient pas de percer. Quoi qu'il en soit, je m'intéresse à cette fille, & je veux qu'elle se retrouve.

Cécile, je ne compte plus sur la consolation que j'espérois trouver parmi vous. Je pressens les chagrins qui attendent ma vieillesse, & je veux vous épargner la douleur d'en être témoins. Je n'ai rien négligé, je crois, pour votre bonheur, & j'apprendrai avec joie que mes enfans sont heureux.

SCENE VIII.
CECILE, GERMEUIL.
(*Cécile se jette dans un fauteuil, & penche tristement sa tête sur ses mains*).

GERMEUIL.
JE vois votre inquiétude, & j'attens vos reproches.

CÉCILE.
Je suis déséspérée... Mon frere en veut à votre vie.

GERMEUIL.
Son défi ne signifie rien. Il se croit offensé ; mais je suis innocent & tranquille.

CÉCILE.
Pourquoi vous ai-je crû ! Que n'ai-je suivi mon pressentiment !.. Vous avez entendu mon pere.

Germeuil.

Votre pere est un homme juste, & je n'en crains rien.

Cécile.

Il vous aimoit. Il vous estimoit.

Germeuil.

S'il eut ces sentimens, je les recouvrerai.

Cécile.

Vous auriez fait le bonheur de sa fille... Cécile eût relevé la famille de son ami.

Germeuil.

Ciel ! il est possible !

Cécile

(*à elle-même*).

Je n'osois lui ouvrir mon cœur... désolé qu'il étoit de la passion de mon frere, je craignois d'ajoûter à sa peine... Pouvois-je penser que malgré l'opposition, la haine du Commandeur ?.. Ah, Germeuil ! C'est à vous qu'il me destinoit.

Germeuil.

Et vous m'aimiez !.. Ah !.. Mais j'ai fait ce que je devois... Quelles qu'en soient les suites, je ne me repentirai point du parti que j'ai pris... Mademoiselle, il faut que vous sçachiez tout.

CÉCILE.

Qu'est-il encore arrivé ?

GERMEUIL.

Cette femme...

CÉCILE.

Qui ?

GERMEUIL.

Cette bonne de Sophie...

CÉCILE.

Eh bien ?

GERMEUIL.

Est assise à la porte de la maison. Les gens sont assemblés autour d'elle. Elle demande à entrer, à parler.

CÉCILE

(se levant avec précipitation, & courant pour sortir).

Ah Dieu !.. je cours...

GERMEUIL.

Où ?

CÉCILE.

CÉCILE.

Me jetter aux pieds de mon pere.

GERMEUIL.

Arrêtez. Songez...

CÉCILE.

Non, Monsieur.

GERMEUIL.

Ecoutez-moi.

CÉCILE.

Je n'écoute plus.

GERMEUIL.

Cécile... Mademoiselle...

CÉCILE.

Que voulez-vous de moi?

GERMEUIL.

J'ai pris mes mesures. On retient cette femme. Elle n'entrera pas; & quand on l'introduiroit, si on ne la conduit pas au Commandeur, que dira-t-elle aux autres qu'ils ignorent?

CÉCILE.

Non, Monsieur, je ne veux pas être exposée davantage. Mon pere sçaura tout. Mon pere est bon; il verra mon inno-

I. Partie. L

cence; il connoîtra le motif de votre conduite, & j'obtiendrai mon pardon & le vôtre.

GERMEUIL.

Et cette infortunée à qui vous avez accordé un asyle?.. Après l'avoir reçûe, en disposerez-vous sans la consulter?

CÉCILE.

Mon pere est bon.

GERMEUIL.

Voilà votre frere.

SCENE IX.
CECILE, GERMEUIL,
St ALBIN.

(Saint-Albin entre à pas lents: il a l'air sombre & farouche, la tête basse, les bras croisés, & le chapeau renfoncé sur les yeux).

CÉCILE

(se jette entre Germeuil & lui, & s'écrie)

SAint-Albin!.. Germeuil!

St ALBIN
(*à Germeuil*).

Je vous croyois seul.

CÉCILE.

Germeuil, c'est votre ami ; c'est mon frere.

GERMEUIL.

Mademoiselle, je ne l'oublierai pas.
(*Il s'assied dans un fauteuil*).

St ALBIN
(*en se jettant dans un autre*).

Sortez ou restez ; je ne vous quitte plus.

CÉCILE
(*à Saint-Albin*).

Insensé !.. Ingrat !.. Qu'avez-vous résolu ?.. Vous ne sçavez pas...

St ALBIN.

Je n'en sçais que trop !

CÉCILE.

Vous vous trompez.

St ALBIN
(*en se levant*).

Laissez-moi. Laissez-nous...

(& *s'adreſſant à Germeuil en portant la main à ſon épée*).

Germeuil...

(*Germeuil ſe leve ſubitement*).

CÉCILE

(*ſe tournant en face de ſon frere, lui crie*) :

O Dieu!.. Arrêtez... Apprenez... Sophie...

St ALBIN.

Eh bien, Sophie?

CÉCILE.

Que vais-je lui dire?..

St ALBIN.

Qu'en a-t-il fait? Parlez. Parlez.

CÉCILE.

Ce qu'il en a fait?.. Il l'a dérobée à vos fureurs... Il l'a dérobée aux pourſuites du Commandeur... Il l'a conduite ici... Il a fallu la recevoir... Elle eſt ici, & elle y eſt malgré moi...

(*en ſanglotant & en pleurant*).

Allez maintenant; courez lui enfoncer votre épée dans le ſein.

S.ᵗ ALBIN.

O Ciel! puis-je le croire! Sophie est ici!.. Et c'est lui?.. C'est vous?.. Ah ma sœur! Ah mon ami!.. Je suis un malheureux. Je suis un insensé.

GERMEUIL.

Vous êtes un amant.

S.ᵗ ALBIN.

Cécile, Germeuil, je vous dois tout... Me pardonnerez-vous?.. Oui, vous êtes justes; vous aimez aussi; vous vous mettrez à ma place, & vous me pardonnerez... Mais elle a sçu mon projet: elle pleure, elle se déséspére, elle me méprise, elle me hait... Cécile, voulez-vous vous venger? voulez-vous m'accabler sous le poids de mes torts? Mettez le comble à vos bontés... Que je la voye... Que je la voye un instant...

CÉCILE.

Qu'osez-vous me demander?

S.ᵗ ALBIN.

Ma sœur, il faut que je la voye. Il le faut.

CÉCILE.
Y pensez-vous ?

GERMEUIL.
Il ne sera raisonnable qu'à ce prix.

S.t ALBIN.
Cécile.

CÉCILE.
Et mon pere ? Et le Commandeur ?

S.t ALBIN.
Et que m'importe ?.. Il faut que je la voye, & j'y cours.

GERMEUIL.
Arrêtez.

CÉCILE.
Germeuil.

GERMEUIL.
Mademoiselle, il faut appeller.

CÉCILE.
O la cruelle vie !

(*Germeuil sort pour appeller, & rentre avec Mademoiselle Clairet. Cécile s'avance sur le fond*).

S.t ALBIN
(*lui saisit la main en passant, & la baise*

avec transport. Il se retourne ensuite vers
Germeuil, & lui dit en l'embrassant) :
Je vais la revoir !

CÉCILE
(*après avoir parlé bas à Mademoiselle*
Clairet, continue haut & d'un ton
chagrin) :

Conduisez-la. Prenez bien garde.

GERMEUIL.
Ne perdez pas de vûe le Commandeur.

St ALBIN.
Je vais revoir Sophie !

(*Il s'avance, en écoutant du côté où Sophie*
doit entrer, & il dit) :

J'entens ses pas... Elle approche... Je tremble... Je frissonne... Il semble que mon cœur veuille s'échapper de moi, & qu'il craigne d'aller au-devant d'elle... Je n'oserai lever les yeux... Je ne pourrai jamais lui parler.

SCÈNE X.

CECILE, GERMEUIL, SAINT-ALBIN, SOPHIE, *Mademoiselle* CLAIRET *dans l'anti-chambre, à l'entrée de la Salle.*

SOPHIE
(appercevant Saint-Albin, court effrayée se jetter entre les bras de Cécile, & s'écrie) :

Mademoiselle.

St ALBIN
(la suivant).

Sophie.

(Cécile tient Sophie entre ses bras, & la serre avec tendresse).

GERMEUIL
(appelle).

Mademoiselle Clairet.

Mlle CLAIRET
(du dedans).

J'y suis.

CÉCILE
(à Sophie).

Ne craignez rien. Rassurez-vous. Asseyez-vous.

(*Sophie s'assied. Cécile & Germeuil se retirent au fond du théatre, où ils demeurent spectateurs de ce qui se passe entre Sophie & Saint-Albin. Germeuil a l'air sérieux & rêveur. Il regarde quelquefois tristement Cécile, qui de son côté montre du chagrin & de tems en tems de l'inquiétude*).

St ALBIN

(*à Sophie, qui a les yeux baissés & le maintien sévére*).

C'est vous. C'est vous. Je vous recouvre... Sophie... O Ciel, quelle sévérité ! Quel silence !.. Sophie ne me refusez pas un regard... J'ai tant souffert... Dites un mot à cet infortuné...

SOPHIE

(*sans le regarder*).

Le méritez-vous ?

St ALBIN.

Demandez-leur.

SOPHIE.

Qu'est-ce qu'on m'apprendra ? N'en sçais-je pas assez ? Où suis-je ? Que fais-je ici ? Qui est-ce qui m'y a conduite ?

Qui m'y retient?... Monsieur, qu'avez-vous résolu de moi?

S.t ALBIN.

De vous aimer, de vous posséder, d'être à vous malgré toute la terre, malgré vous.

SOPHIE.

Vous me montrez bien le mépris qu'on fait des malheureux. On les compte pour rien. On se croit tout permis avec eux. Mais, Monsieur, j'ai des parens aussi.

S.t ALBIN.

Je les connoîtrai. J'irai. J'embrasserai leurs genoux; & c'est d'eux que je vous obtiendrai.

SOPHIE.

Ne l'espérez pas. Ils sont pauvres, mais ils ont de l'honneur... Monsieur, rendez-moi à mes parens. Rendez-moi à moi-même. Renvoyez-moi.

S.t ALBIN.

Demandez plûtôt ma vie. Elle est à vous.

SOPHIE.

O Dieu, que vais-je devenir !
(*à Cécile, à Germeuil d'un ton désolé & suppliant*).
Monsieur... Mademoiselle...
(*& se retournant vers Saint-Albin*).
Monsieur, renvoyez-moi... Renvoyez-moi... Homme cruel, faut-il tomber à vos pieds ? M'y voilà.
(*Elle se jette aux pieds de Saint-Albin*).

S.t ALBIN
(*tombe aux siens, & dit*) :

Vous, à mes pieds ! C'est à moi à me jetter, à mourir aux vôtres.

SOPHIE
(*relevée*).

Vous êtes sans pitié... Oui, vous êtes sans pitié... Vil ravisseur, que t'ai-je fait ? Quel droit as-tu sur moi ?.. Je veux m'en aller... Qui est-ce qui osera m'arrêter ?...... Vous m'aimez ?.. Vous m'avez aimée ?.. Vous ?

S.t ALBIN.

Qu'ils le disent.

SOPHIE.

Vous avez réfolu ma perte... Oui, vous l'avez réfolue, & vous l'acheverez... Ah, Sergi!

(*En difant ce mot avec douleur, elle fe laiffe aller dans un fauteuil; elle détourne fon vifage de St Albin, & fe met à pleurer*).

St ALBIN.

Vous détournez vos yeux de moi... Vous pleurez. Ah, j'ai mérité la mort... Malheureux que je fuis! Qu'ai-je voulu? Qu'ai-je dit? Qu'ai-je ofé? Qu'ai-je fait?

SOPHIE
(*à elle-même*).

Pauvre Sophie, à quoi le Ciel t'a réfervée!... La mifere m'arrache d'entre les bras d'une mere... J'arrive ici avec un de mes freres... Nous y venions chercher de la commifération, & nous n'y rencontrons que le mépris & la dureté... Parce que nous fommes pauvres, on nous méconnoît, on nous repouffe... Mon frere me laiffe... Je refte feule... Une bonne femme voit ma jeuneffe, &

prend pitié de mon abandon... Mais une étoile qui veut que je fois malheureufe, conduit cet homme-là fur mes pas, & l'attache à ma perte... J'aurai beau pleurer... Ils veulent me perdre, & ils me perdront... Si ce n'eft celui-ci, ce fera fon oncle... (*Elle fe leve*). Eh que me veut cet oncle?... Pourquoi me pourfuit-il auffi?.. Eft-ce moi qui ai appellé fon neveu?.. Le voilà. Qu'il parle. Qu'il s'accufe lui-même... Homme trompeur, homme ennemi de mon repos, parlez...

S.t ALBIN.

Mon cœur eft innocent. Sophie, ayez pitié de moi... Pardonnez-moi.

SOPHIE.

Qui s'en feroit méfié?.. Il paroiffoit fi tendre & fi bon!.. Je le croyois doux...

S.t ALBIN.

Sophie, pardonnez-moi.

SOPHIE.

Que je vous pardonne!

S.t ALBIN.

Sophie.

(*Il veut lui prendre la main*).

SOPHIE.

Retirez-vous. Je ne vous aime plus. Je ne vous estime plus. Non.

S.ᵗ ALBIN.

O Dieu, que vais-je devenir!.. Ma sœur, Germeuil, parlez; parlez pour moi... Sophie, pardonnez-moi.

SOPHIE.

Non.

(*Cécile & Germeuil s'approchent*).

CÉCILE.

Mon enfant.

GERMEUIL.

C'est un homme qui vous adore.

SOPHIE.

Eh bien, qu'il me le prouve. Qu'il me défende contre son oncle; qu'il me rende à mes parens; qu'il me renvoye, & je lui pardonne.

SCENE XI.

GERMEUIL, CECILE, St ALBIN, SOPHIE, *Mademoiselle* CLAIRET.

Mlle CLAIRET
(à Cécile).

MAdemoiselle, on vient; on vient.

GERMEUIL.

Sortons tous.

(Cécile remet Sophie entre les mains de Mademoiselle Clairet. Ils sortent tous de la salle par différens côtés).

SCENE XII.

LE COMMANDEUR, *Madame* HEBERT, DESCHAMPS.

(Le Commandeur entre brusquement. Madame Hébert & Deschamps le suivent).

Mme HÉBERT
(en montrant Deschamps).

OUi, Monsieur, c'est lui. C'est lui qui accompagnoit le méchant qui me l'a ravie. Je l'ai reconnu tout d'abord.

LE COMMANDEUR.

Coquin ! A quoi tient-il que je n'envoye chercher un Commissaire, pour t'apprendre ce que l'on gagne à se prêter à des forfaits ?

DESCHAMPS.

Monsieur, ne me perdez pas. Vous me l'avez promis.

LE COMMANDEUR.

Eh bien, elle est donc ici ?

DESCHAMPS.

Oui, Monsieur.

LE COMMANDEUR
(à part).

Elle est ici, ô Commandeur, & tu ne l'as pas déviné !

(A Deschamps).

Et c'est dans l'appartement de ma niéce ?

DESCHAMPS.

Oui, Monsieur.

LE COMMANDEUR.

Et le coquin qui suivoit le carosse, c'est toi ?

DESCHAMPS.

DESCHAMPS.

Oui, Monsieur.

LE COMMANDEUR.

Et l'autre qui étoit dedans, c'est Germeuil ?

DESCHAMPS.

Oui, Monsieur.

LE COMMANDEUR.

Germeuil ?

Mme HÉBERT.

Il vous l'a déja dit.

LE COMMANDEUR
(à part).

Oh, pour le coup, je les tiens.

Mme HÉBERT.

Monsieur, quand ils l'ont emmenée, elle me tendoit les bras, & elle me disoit : Adieu, ma bonne ; je ne vous reverrai plus ; priez pour moi. Monsieur, que je la voye, que je lui parle, que je la console.

LE COMMANDEUR.

Cela ne se peut... Quelle découverte !

Mme HÉBERT.

Sa mere & son frere me l'ont confiée. Que leur répondrai-je quand ils me la redemanderont ? Monsieur, qu'on me la rende, ou qu'on m'enferme avec elle.

LE COMMANDEUR
(*à lui-même*).

Cela se fera ; je l'espere.

(*à Madame Hébert*).

Mais pour le présent, allez ; allez vîte. Et sur-tout ne reparoissez plus. Si l'on vous apperçoit, je ne réponds de rien.

Mme HÉBERT.

Mais on me la rendra, & je puis y compter ?

LE COMMANDEUR.

Oui, oui, comptez & partez.

DESCHAMPS
(*en la voyant sortir*).

Que maudits soient la vieille, & le portier qui l'a laissé passer !

LE COMMANDEUR
(*à Deschamps*).

Et toi, maraut... va... conduis cette

femme chez elle.... Et songe que si l'on découvre qu'elle m'a parlé... ou si elle se remontre ici, je te perds.

SCENE XIII.
LE COMMANDEUR *seul*.

LA maitresse de mon neveu dans l'appartement de ma niece!.. Quelle découverte!.. Je me doutois bien que les valets étoient mêlés là-dedans... On alloit. On venoit. On se faisoit des signes. On se parloit bas. Tantôt on me suivoit; tantôt on m'évitoit... Il y a là une femme-de-chambre qui ne me quitte non plus que mon ombre... Voilà donc la cause de tous ces mouvemens auxquels je n'entendois rien.... Commandeur, cela doit vous apprendre à ne jamais rien négliger. Il y a toûjours quelque chose à sçavoir où l'on fait du bruit... S'ils empêchoient cette vieille d'entrer, ils en avoient de bonnes raisons... Les coquins!.. Le hasard m'a conduit là bien à propos...

Maintenant voyons, examinons ce qui nous reste à faire... D'abord marcher sourdement, & ne point troubler leur sécurité... Et si nous allions droit au bonhomme?.. Non. A quoi cela serviroit-il?.. D'Auvilé, il faut montrer ici ce que tu sçais... Mais j'ai ma lettre de cachet!.. Ils me l'ont rendue!.. La voici... Oui... La voici. Que je suis fortuné!... Pour cette fois, elle me servira. Dans un moment, je tombe sur eux. Je me saisis de la créature. Je chasse le coquin qui a tramé tout ceci... Je romps à la fois deux mariages... Ma niéce, ma prude niéce s'en ressouviendra, je l'espére.... Et le bonhomme, j'aurai mon tour avec lui... Je me venge du pére, du fils, de la fille, de son ami... O Commandeur, quelle journée pour toi!

Fin du quatriéme Acte.

ACTE CINQUIEME.

SCENE I.
CECILE, Mademoiselle CLAIRET.

CÉCILE.

JE meurs d'inquiétude & de crainte...
Deschamps a-t-il reparu ?

Mlle CLAIRET.

Non, Mademoiselle.

CÉCILE.

Où peut-il être allé ?

Mlle CLAIRET.

Je n'ai pû le sçavoir.

CÉCILE.

Que s'est-il passé ?

Mlle CLAIRET.

D'abord il s'est fait beaucoup de mouvement & de bruit. Je ne sçais combien ils étoient. Ils alloient & venoient. Tout-à-coup le mouvement & le bruit ont cessé.

Alors je me suis avancée sur la pointe des pieds, & j'ai écouté de toutes mes oreilles ; mais il ne me parvenoit que des mots sans suite. J'ai seulement entendu Monsieur le Commandeur, qui crioit d'un ton menaçant : un Commissaire.

CÉCILE.

Quelqu'un l'auroit-il apperçûe ?

Mlle CLAIRET.

Non, Mademoiselle.

CÉCILE.

Deschamps auroit-il parlé ?

Mlle CLAIRET.

C'est autre chose. Il est parti comme un éclair.

CÉCILE.

Et mon oncle ?

Mlle CLAIRET.

Je l'ai vû. Il gesticuloit. Il se parloit à lui-même. Il avoit tous les signes de cette gayeté méchante que vous lui connoissez.

CÉCILE.

Où est-il ?

Mlle CLAIRET.

Il est sorti seul & à pied.

CÉCILE.

Allez... Courez... Attendez le retour de mon oncle... Ne le perdez pas de vûe... Il faut trouver Deschamps... Il faut sçavoir ce qu'il a dit.

(Mademoiselle Clairet sort ; Cécile la rappelle, & lui dit) :

Si-tôt que Germeuil sera rentré, dites-lui que je suis ici.

SCENE II.
CECILE, SAINT-ALBIN.

CÉCILE.

OU en suis-je réduite !.. Ah, Germeuil !.. Le trouble me suit... Tout semble me menacer... Tout m'effraye...
(Saint-Albin entre, & Cécile allant à lui) :

Mon frere, Deschamps a disparu. On ne sçait ni ce qu'il a dit, ni ce qu'il est devenu. Le Commandeur est sorti en secret,

& seul... Il se forme un orage. Je le vois, Je le sens. Je ne veux pas l'attendre.

St ALBIN.

Après ce que vous avez fait pour moi, m'abandonnerez-vous ?

CÉCILE.

J'ai mal fait. J'ai mal fait... Cet enfant ne veut plus rester ; il faut la laisser aller. Mon pere a vû mes allarmes. Plongé dans la peine, & délaissé par ses enfans, que voulez-vous qu'il pense, sinon que la honte de quelque action indiscrete leur fait éviter sa présence, & négliger sa douleur ?.. Il faut s'en rapprocher. Germeuil est perdu dans son esprit ; Germeuil qu'il avoit résolu... Mon frere, vous êtes généreux ; n'exposez pas plus long-tems votre ami, votre sœur, la tranquillité & les jours de mon pere.

St ALBIN.

Non, il est dit que je n'aurai pas un instant de repos.

CÉCILE.

Si cette femme avoit pénétré!... Si le Commandeur sçavoit!... Je n'y pense pas sans frémir... Avec quelle vraisemblance & quel avantage il nous attaqueroit! Quelles couleurs il pourroit donner à notre conduite! & cela dans un moment où l'ame de mon pere est ouverte à toutes les impressions qu'on y voudra jetter.

S.t ALBIN.

Où est Germeuil?

CÉCILE.

Il craint pour vous. Il craint pour moi. Il est allé chez cette femme...

SCENE III.

CECILE, SAINT-ALBIN, Mademoiselle CLAIRET.

Mlle CLAIRET
(se montre sur le fond, & leur crie):

Le Commandeur est rentré.

SCENE IV.

CECILE, SAINT-ALBIN, GERMEUIL.

GERMEUIL.

Le Commandeur sçait tout.

CÉCILE & St ALBIN
(avec effroi).

Le Commandeur sçait tout!

GERMEUIL.

Cette femme a pénétré. Elle a reconnu Deschamps. Les menaces du Commandeur ont intimidé celui-ci, & il a tout dit.

CÉCILE.

Ah!

S.^t A L B I N.

Que vais-je devenir !

C É C I L E.

Que dira mon pere !

G E R M E U I L.

Le tems preſſe. Il ne s'agit pas de ſe plaindre. Si nous n'avons pû ni écarter, ni prévenir le coup qui nous menace, du-moins qu'il nous trouve raſſemblés & prêts à le recevoir.

C É C I L E.

Ah, Germeuil, qu'avez-vous fait !

G E R M E U I L.

Né ſuis-je pas aſſez malheureux ?

SCENE V.

CECILE, Sr ALBIN, GERMEUIL,
Mademoiſelle **CLAIRET.**

Mlle C L A I R E T
(*ſe remontre ſur le fond, & leur crie*) :

Voici le Commandeur.

G E R M E U I L.

Il faut nous retirer.

CÉCILE.

Non, j'attendrai mon pere.

S.ᵗ ALBIN.

Ciel, qu'allez-vous faire !

GERMEUIL.

Allons, mon ami.

S.ᵗ ALBIN.

Allons sauver Sophie.

CÉCILE.

Vous me laissez !

SCENE VI.

CECILE *seule.*
(*Elle va. Elle vient. Elle dit*) :

JE ne sçais que devenir...
(*Elle se tourne vers le fond de la salle, & crie*).
 Germeuil... Saint-Albin... O mon pere, que vous répondrai-je !... Que dirai-je à mon oncle ?... Mais le voici... Asseyons-nous... Prenons mon ouvrage... Cela me dispensera du-moins de le regarder.
(*Le Commandeur entre, Cécile se leve & le salue les yeux baissés*).

SCENE VII.
CECILE, LE COMMANDEUR.
LE COMMANDEUR
(se retourne, regarde vers le fond & dit):

MA niéce, tu as-là une femme-de-chambre bien alerte... On ne sçauroit faire un pas sans la rencontrer... Mais te voilà, toi, bien rêveuse & bien délaissée... Il me semble que tout commence à se rasseoir ici.

CÉCILE
(en begayant).

Oui... je crois... que... Ah

LE COMMANDEUR
(appuyé sur sa canne & debout devant elle).

La voix & les mains te tremblent... C'est une cruelle chose que le trouble... Ton frere me paroît un peu remis... Voilà comme ils sont tous. D'abord c'est un déséspoir où il ne s'agit de rien moins que de se noyer ou se pendre. Tournez la main, pist, ce n'est plus cela... Je me trompe fort, ou il n'en feroit pas de même de toi. Si ton cœur se prend une fois, cela durera.

CÉCILE
(*parlant à son ouvrage*).

Encore !

LE COMMANDEUR
(*ironiquement*).

Ton ouvrage va mal.

CÉCILE
(*tristement*).

Fort mal.

LE COMMANDEUR.

Comment Germeuil & ton frere font-ils maintenant ?.. Assez bien, ce me semble ?.. Cela s'est apparemment éclairci... Tout s'éclaircit à la fin, & puis on est si honteux de s'être mal conduit !.. Tu ne sçais pas cela, toi qui as toûjours été si réservée, si circonspecte.

CÉCILE
(*à part*).

Je n'y tiens plus.
(*Elle se leve*).

J'entens, je crois, mon pere.

Le Commandeur.

Non, tu n'entens rien... C'est un étrange homme que ton pere. Toûjours occupé, sans sçavoir de quoi. Personne, comme lui, n'a le talent de regarder & de ne rien voir... Mais revenons à l'ami Germeuil... Quand tu n'es pas avec lui, tu n'es pas trop fâchée qu'on t'en parle... Je n'ai pas changé d'avis sur son compte au moins.

Cécile.

Mon oncle...

Le Commandeur.

Ni toi non plus, n'est-ce pas?.. Je lui découvre tous les jours quelque qualité, & je ne l'ai jamais si bien connu... C'est un garçon surprenant...

(*Cécile se leve encore*).

Mais tu es bien pressée?

Cécile.

Il est vrai.

Le Commandeur.

Qu'as-tu qui t'appelle?

CÉCILE.

J'attendois mon pere. Il tarde à venir; & j'en suis inquiéte.

SCENE VIII.

LE COMMANDEUR *seul.*

INquiéte, je te conseille de l'être. Tu ne sçais pas ce qui t'attend... Tu auras beau pleurer, gémir, soupirer; il faudra se séparer de l'ami Germeuil... Un ou deux ans de couvent seulement... Mais j'ai fait une bevûe. Le nom de cette Clairet eût été fort bien sur ma lettre de cachet, & il n'en auroit pas coûté davantage... Mais le bonhomme ne vient point... Je n'ai plus rien à faire, & je commence à m'ennuyer...

(*Il se retourne; & appercevant le Pere de Famille qui vient, il lui dit*):

Arrivez donc, bonhomme; arrivez donc.

SCENE

SCENE IX.

LE COMMANDEUR, LE PERE DE FAMILLE.

Le Pere de Famille.

Et qu'avez-vous de si pressé à me dire?

Le Commandeur.

Vous l'allez sçavoir... Mais attendez un moment.

(*Il s'avance doucement vers le fond de la salle, & dit à la femme-de-chambre qu'il surprend au guet*).

Mademoiselle, approchez. Ne vous gênez pas. Vous entendrez mieux.

Le Pere de Famille.

Qu'est-ce qu'il y a? A qui parlez-vous?

Le Commandeur.

Je parle à la femme-de-chambre de votre fille qui nous écoute.

Le Pere de Famille.

Voilà l'effet de la méfiance que vous avez semée entre vous & mes enfans.

Vous les avez éloignés de moi, & vous les avez mis en fociété avec leurs gens.

LE COMMANDEUR.

Non, mon frere, ce n'eft pas moi qui les ai éloignés de vous ; c'eft la crainte que leurs démarches ne fuffent éclairées de trop près. S'ils font, pour parler comme vous, en fociété avec leurs gens, c'eft par le befoin qu'ils ont eu de quelqu'un qui les fervît dans leur mauvaife conduite. Entendez-vous, mon frere?.. Vous ne fçavez pas ce qui fe paffe autour de vous. Tandis que vous dormez dans une fécurité qui n'a point d'exemple, ou que vous vous abandonnez à une trifteffe inutile, le defordre s'eft établi dans votre maifon. Il a gagné de toute part, & les valets, & les enfans, & leurs entours... Il n'y eut jamais ici de fubordination ; il n'y a plus ni décence ni mœurs.

LE PERE DE FAMILLE.
Ni mœurs!

LE COMMANDEUR.
Ni mœurs.

LE PERE DE FAMILLE.

Monsieur le Commandeur, expliquez-vous... Mais non, épargnez-moi...

LE COMMANDEUR.

Ce n'est pas mon dessein.

LE PERE DE FAMILLE.

J'ai de la peine tout ce que j'en peux porter.

LE COMMANDEUR.

Du caractere foible dont vous êtes, je n'espere pas que vous en conceviez le ressentiment vif & profond qui conviendroit à un pere. N'importe : j'aurai fait ce que j'ai dû, & les suites en retomberont sur vous seul.

LE PERE DE FAMILLE.

Vous m'effrayez. Qu'est-ce donc qu'ils ont fait ?

LE COMMANDEUR.

Ce qu'ils ont fait ? De belles choses. Ecoutez. Ecoutez.

LE PERE DE FAMILLE.

J'attens.

Le Commandeur.

Cette petite fille, dont vous êtes si fort en peine...

Le Pere de Famille.
Eh bien ?

Le Commandeur.
Où croyez-vous qu'elle soit ?

Le Pere de Famille.
Je ne sçais.

Le Commandeur.
Vous ne sçavez ?.. Sçachez donc qu'elle est chez vous.

Le Pere de Famille.
Chez moi !

Le Commandeur.
Chez vous. Oui, chez vous... Et qui croyez-vous qui l'y ait introduite ?

Le Pere de Famille.
Germeuil ?

Le Commandeur.
Et celle qui l'a reçue ?

Le Pere de Famille.
Mon frere, arrêtez... Cécile... ma fille...

Le Commandeur.

Oui, Cécile ; oui, votre fille a reçu chez elle la maîtresse de son frere. Cela est honnête, qu'en pensez-vous ?

Le Pere de Famille.

Ah !

Le Commandeur.

Ce Germeuil reconnoît d'une étrange maniere les obligations qu'il vous a.

Le Pere de Famille.

Ah Cécile, Cécile ! Où sont les principes que vous a inspirés votre mere ?

Le Commandeur.

La maîtresse de votre fils, chez vous, dans l'appartement de votre fille ! Jugez, jugez.

Le Pere de Famille.

Ah Germeuil !.. Ah mon fils !.. Que je suis malheureux !

Le Commandeur.

Si vous l'êtes, c'est par votre faute. Rendez-vous justice.

LE PERE DE FAMILLE.

Je perds tout en un moment ; mon fils, ma fille, un ami.

LE COMMANDEUR.

C'eſt votre faute.

LE PERE DE FAMILLE.

Il ne me reſte qu'un frere cruel, qui ſe plaît à aggraver ſur moi la douleur... Homme cruel, éloignez-vous. Faites-moi venir mes enfans. Je veux voir mes enfans.

LE COMMANDEUR.

Vos enfans ? Vos enfans ont bien mieux à faire que d'écouter vos lamentations. La maîtreſſe de votre fils... à côté de lui... dans l'appartement de votre fille... Croyez-vous qu'ils s'ennuient ?

LE PERE DE FAMILLE.

Frere barbare, arrêtez... Mais non, achevez de m'aſſaſſiner.

LE COMMANDEUR.

Puiſque vous n'avez pas voulu que je prévinſſe votre peine, il faut que vous en bûviez toute l'amertume.

LE PERE DE FAMILLE.
O mes espérances perdues !

LE COMMANDEUR.
Vous avez laissé croître leurs défauts avec eux ; & s'il arrivoit qu'on vous les montrât, vous avez détourné la vûe. Vous leur avez appris vous-même à méprifer votre autorité. Ils ont tout osé, parce qu'ils le pouvoient impunément.

LE PERE DE FAMILLE.
Quel fera le refte de ma vie ! Qui adoucira les peines de mes dernieres années ? Qui me confolera ?

LE COMMANDEUR.
Quand je vous difois ; veillez fur votre fille, votre fils fe dérange, vous avez chez vous un coquin ; j'étois un homme dur, méchant, importun.

LE PERE DE FAMILLE.
J'en mourrai. J'en mourrai. Et qui chercherai-je autour de moi... Ah !.. Ah !..
(*Il pleure*).

LE COMMANDEUR.
Vous avez négligé mes conseils. Vous

en avez ri. Pleurez, pleurez maintenant.

LE PERE DE FAMILLE.

J'aurai eu des enfans. J'aurai vêcu malheureux, & je mourrai feul... Que m'aura-t-il fervi d'avoir été pere?... Ah!..

LE COMMANDEUR.

Pleurez.

LE PERE DE FAMILLE.

Homme cruel, épargnez-moi. A chaque mot qui fort de votre bouche, je fens une fecouffe qui tire mon ame & qui la déchire... Mais non, mes enfans ne font pas tombés dans les égaremens que vous leur reprochez. Ils font innocens. Je ne croirai point qu'ils fe foient avilis, qu'ils m'ayent oublié jufques-là... S.ᵗ-Albin!.. Cécile!.. Germeuil!.. Où font-ils?.. S'ils peuvent vivre fans moi, je ne peux vivre fans eux... J'ai voulu les quitter... Moi, les quitter!.. Qu'ils viennent... Qu'ils viennent tous fe jetter à mes pieds.

LE COMMANDEUR.

Homme pufillanime, n'avez-vous point de honte?

Le Pere de Famille.

Qu'ils viennent... Qu'ils s'accusent... Qu'ils se repentent...

Le Commandeur.

Non, je voudrois qu'ils fussent cachés quelque part, & qu'ils vous entendissent.

Le Pere de Famille.

Et qu'entendroient-ils qu'ils ne sçachent?

Le Commandeur.

Et dont ils n'abusent.

Le Pere de Famille.

Il faut que je les voie & que je leur pardonne, ou que je les haïsse...

Le Commandeur.

Eh bien voyez-les. Pardonnez-leur. Aimez-les, & qu'ils soient à jamais votre tourment & votre honte. Je m'en irai si loin, que je n'entendrai parler ni d'eux ni de vous.

SCENE X.
LE COMMANDEUR, LE PERE DE FAMILLE, Madame HEBERT, Monsieur LE BON, DESCHAMPS.

LE COMMANDEUR
(*appercevant Madame Hébert*).

FEmme maudite! (*A Deschamps*); & toi, coquin, que fais-tu ici?

Mme HÉBERT, M.^r LE BON & DESCHAMPS
(*au Commandeur*).

Monsieur.

LE COMMANDEUR.
(*à Madame Hébert*).

Que venez-vous chercher? Retournez-vous-en. Je sçais ce que je vous ai promis, & je vous tiendrai parole.

Mme HÉBERT.

Monsieur... Vous voyez ma joie...; Sophie...

LE COMMANDEUR.

Allez, vous dis-je.

M.^r LE BON.

Monsieur, Monsieur, écoutez-la.

Mme HÉBERT.

Ma Sophie... mon enfant... n'eſt pas ce qu'on penſe... Monſieur le Bon... parlez... je ne puis.

LE COMMANDEUR
(*à Monſieur le Bon*).

Eſt-ce que vous ne connoiſſez pas ces femmes-là, & les contes qu'elles ſçavent faire?.. Monſieur le Bon, à votre âge, vous donnez là-dedans?

Mme HÉBERT
(*au Pere de Famille*).

Monſieur, elle eſt chez vous.

LE PERE DE FAMILLE
(*à part & douloureuſement*).

Il eſt donc vrai!

Mme HÉBERT.

Je ne demande pas qu'on m'en croie... Qu'on la faſſe venir.

LE COMMANDEUR.

Ce ſera quelque parente de ce Germeuil, qui n'aura pas de ſouliers à mettre à ſes pieds.

(*Ici on entend au-dedans du bruit, du tumulte, des cris confus*).

LE PERE DE FAMILLE.

J'entens du bruit.

LE COMMANDEUR.

Ce n'eſt rien.

CÉCILE
(au-dedans).

Philippe, Philippe, appellez mon pere.

LE PERE DE FAMILLE.

C'eſt la voix de ma fille.

Mme HÉBERT
(au Pere de Famille).

Monſieur, faites venir mon enfant…

St ALBIN
(au-dedans).

N'approchez pas. Sur votre vie, n'approchez pas.

Mme HÉBERT & M.^r LE BON
(au Pere de Famille).

Monſieur, accourez.

LE COMMANDEUR
(au Pere de Famille).

Ce n'eſt rien, vous dis-je.

SCENE XI.

LE COMMANDEUR, LE PERE DE FAMILLE, Mme HEBERT, M.^r LE BON, DESCHAMPS, Mlle CLAIRET.

Mlle CLAIRET
(*effrayée, au Pere de Famille*).

Des épées, un exempt, des gardes. Monsieur, accourez, si vous ne voulez pas qu'il arrive malheur.

SCENE XII. & derniere.

LE PERE DE FAMILLE, LE COMMANDEUR, Mme HEBERT, M.^r LE BON, DESCHAMPS, Mlle CLAIRET, CECILE, SOPHIE, SAINT-ALBIN, GERMEUIL, UN EXEMPT, PHILIPPE, *des Domestiques. Toute la maison.*

(*Cécile, Sophie, l'Exempt, St-Albin, Germeuil & Philippe entrent en tumulte, St-Albin a l'épée tirée, & Germeuil le retient*).

CÉCILE
(*entre en criant*).

Mon pere.

SOPHIE
(*en courant vers le Pere de Famille, & en criant*) :

Monsieur.

LE COMMANDEUR
(*à l'Exempt, en criant*).

Monsieur l'Exempt, faites votre devoir.

SOPHIE & Madame HÉBERT
(*en s'adressant au Pere de Famille; & la premiere, en se jettant à ses genoux*).

Monsieur.

S.ᵗ ALBIN.
(*toûjours retenu par Germeuil*).

Auparavant il faut m'ôter la vie. Germeuil, laissez-moi.

LE COMMANDEUR
(*à l'Exempt*).

Faites votre devoir.

Le Pere de Famille, S.t Albin,
Madame Hébert, Monsieur Le Bon,
(à l'Exempt).

Arrêtez.

Madame Hébert & M.r Le Bon
(*au Commandeur, en tournant de son côté
Sophie, qui est toûjours à genoux*).
Monsieur, regardez-la.

Le Commandeur
(*sans la regarder*).

De par le Roi, Monsieur l'Exempt,
faites votre devoir.

S.t Albin
(*en criant*).

Arrêtez.

Madame Hébert & M.r Le Bon
(*en criant au Commandeur & en même tems
que Saint-Albin*).

Regardez-la.

Sophie,
(*en s'adressant au Commandeur*).
Monsieur.

Le Commandeur
(*se retourne, la regarde, & s'écrie stupéfait*).
Ah !

Madame HÉBERT & M^r. LE BON.

Oui, Monsieur, c'est elle. C'est votre niéce.

St ALBIN, CÉCILE, GERMEUIL, Mlle CLAIRET.

Sophie, la niéce du Commandeur !

SOPHIE

(*toûjours à genoux, au Commandeur*)

Mon cher oncle.

LE COMMANDEUR

(*brusquement*).

Que faites-vous ici ?

SOPHIE

(*tremblante*).

Ne me perdez pas.

LE COMMANDEUR.

Que ne restiez-vous dans votre province ? Pourquoi n'y pas retourner, quand je vous l'ai fait dire ?

SOPHIE.

Mon cher oncle, je m'en irai. Je m'en retournerai. Ne me perdez pas.

LE PÈRE DE FAMILLE.

Venez, mon enfant. Levez-vous.

M.me HÉBERT.

Ah, Sophie !

SOPHIE.

Ah, ma bonne !

M.me HÉBERT.

Je vous embrasse.

SOPHIE
(en même tems).

Je vous revois.

CÉCILE
(en se jettant aux pieds de son pere).

Mon pere, ne condamnez pas votre fille sans l'entendre. Malgré les apparences, Cécile n'est point coupable. Elle n'a pû ni délibérer, ni vous consulter...

LE PERE DE FAMILLE
(d'un air un peu sévére, mais touché).

Ma fille, vous êtes tombée dans une grande imprudence.

CÉCILE.

Mon pere.

LE PERE DE FAMILLE
(avec tendresse).

Levez-vous.

S.ᵗ ALBIN.

Mon pere, vous pleurez.

LE PERE DE FAMILLE.

C'eſt ſur vous, c'eſt ſur votre ſœur. Mes enfans, pourquoi m'avez-vous négligé ? Voyez : vous n'avez pû vous éloigner de moi ſans vous égarer.

S.ᵗ ALBIN & CÉCILE

(*en lui baiſant les mains*).

Ah, mon pere !

(*Cependant le Commandeur paroît confondu*).

LE PERE DE FAMILLE

(*après avoir eſſuyé ſes larmes, prend un air d'autorité, & dit au Commandeur*) :

Monſieur le Commandeur, vous avez oublié que vous étiez chez moi.

L'EXEMPT.

Eſt-ce que Monſieur n'eſt pas le maître de la maiſon ?

LE PERE DE FAMILLE

(*à l'Exempt*).

C'eſt ce que vous auriez dû ſçavoir

avant que d'y entrer. Allez, Monsieur, je réponds de tout.

(*L'Exempt sort*).
St ALBIN.

Mon pere.

LE PERE DE FAMILLE
(*avec tendresse*).

Je t'entens.

St ALBIN
(*en présentant Sophie au Commandeur*).

Mon oncle.

SOPHIE,
(*au Commandeur, qui se détourne d'elle*).

Ne repoussez pas l'enfant de votre frere.

LE COMMANDEUR
(*sans la regarder*).

Oui, d'un homme sans arrangement, sans conduite, qui avoit plus que moi, qui a tout dissipé, & qui vous a réduits dans l'état où vous êtes.

SOPHIE.

Je me souviens, lorsque j'étois enfant: alors vous daigniez me caresser. Vous disiez que je vous étois chere. Si je vous afflige aujourd'hui, je m'en irai, je m'en retournerai. J'irai retrouver ma mere, ma pauvre mere, qui avoit mis toutes ses espérances en vous...

St ALBIN

Mon oncle.

LE COMMANDEUR.

Je ne veux ni vous voir, ni vous entendre.

LE PERE DE FAMILLE, St ALBIN,
M.^r LE BON,

(*en s'assemblant autour de lui*).

Mon frere... Monsieur le Commandeur... Mon oncle.

LE PERE DE FAMILLE.

C'est votre niéce.

LE COMMANDEUR.

Qu'est-elle venue faire ici?

LE PERE DE FAMILLE

C'est votre sang.

LE COMMANDEUR.

J'en suis assez fâché.

LE PERE DE FAMILLE.
Ils portent votre nom.
LE COMMANDEUR.
C'eſt ce qui me déſole.
LE PERE DE FAMILLE
(*en montrant Sophie*).
Voyez-la. Où ſont les parens qui n'en fuſſent vains ?
LE COMMANDEUR.
Elle n'a rien : je vous en avertis.
S.ᵗ ALBIN.
Elle a tout.
LE PERE DE FAMILLE.
Ils s'aiment.
LE COMMANDEUR
(*au Pere de Famille*).
Vous la voulez pour votre fille ?
LE PERE DE FAMILLE.
Ils s'aiment.
LE COMMANDEUR
(*à Saint-Albin*).
Tu la veux pour ta femme ?
S.ᵗ ALBIN.
Si je la veux !

I. Partie.

LE COMMANDEUR.

Aye-la; j'y conséns : auſſi-bien je n'y conſentirois pas qu'il n'en feroit ni plus ni moins...

(*au Pere de Famille*).

Mais c'eſt à une condition.

S.ᵗ ALBIN

(*à Sophie*).

Ah, Sophie! nous ne ſerons plus ſéparés.

LE PERE DE FAMILLE.

Mon frere, grace entiere. Point de condition.

LE COMMANDEUR.

Non. Il faut que vous me faſſiez juſtice de votre fille & de cet homme-là.

S.ᵗ ALBIN.

Juſtice! Et de quoi? Qu'ont-ils fait? Mon pere, c'eſt à vous-même que j'en appelle.

LE PERE DE FAMILLE.

Cécile penſe & ſent. Elle a l'ame délicate. Elle ſe dira ce qu'elle a dû me paroître pendant un inftant. Je n'ajoûterai rien à fon propre reproche.

Germeuil... je vous pardonne... Mon eftime & mon amitié vous feront confervées : mes bienfaits vous fuivront partout ; mais...

(*Germeuil s'en va triftement, & Cécile le regarde aller*).

LE COMMANDEUR.
Encore paffe.

Mlle CLAIRET.
Mon tour va venir. Allons préparer nos paquets.

(*Elle fort*).

St ALBIN
(*à fon pere*).

Mon pere, écoutez-moi... Germeuil, demeurez... C'eft lui qui vous a confervé votre fils... Sans lui vous n'en auriez plus. Qu'allois-je devenir ?.. C'eft lui qui m'a confervé Sophie... Menacée par moi, menacée par mon oncle, c'eft Germeuil, c'eft ma fœur, qui l'ont fauvée... Ils n'avoient qu'un inftant...Elle n'avoit qu'un asyle... Ils l'ont dérobée à ma violence...; Les punirez-vous de ma faute?.. Cécile, venez. Il faut fléchir le meilleur des peres.

(*Il amene sa sœur aux pieds de son pere, & s'y jette avec elle*).

Le Pere de Famille.

Ma fille, je vous ai pardonné ; que me demandez-vous ?

St Albin.

D'assûrer pour jamais son bonheur, le mien & le vôtre. Cécile... Germeuil... Ils s'aiment, ils s'adorent... Mon pere, livrez-vous à toute votre bonté. Que ce jour soit le plus beau jour de notre vie.

(*Il court à Germeuil, il appelle Sophie*).

Germeuil, Sophie... Venez, venez... Allons tous nous jetter aux pieds de mon pere.

Sophie

(*se jettant aussi aux pieds du Pere de Famille dont elle ne quitte gueres les mains, le reste de la scène*).

Monsieur.

Le Pere de Famille
(se penchant sur eux, & les relevant).

Mes enfans... Mes enfans... Cécile, vous aimez Germeuil?

Le Commandeur.

Et ne vous en ai-je pas averti?

Cécile.

Mon pere, pardonnez-moi.

Le Pere de Famille.

Pourquoi me l'avoir celé? Mes enfans, vous ne connoissez pas votre pere... Germeuil, approchez. Vos réserves m'ont affligé; mais je vous ai regardé de tout tems comme mon second fils. Je vous avois destiné ma fille. Qu'elle soit avec vous la plus heureuse des femmes.

Le Commandeur.

Fort bien. Voilà le comble. J'ai vû arriver de loin cette extravagance; mais il étoit dit qu'elle se feroit malgré moi, & Dieu merci, la voilà faite. Soyons tous bien joyeux; nous ne nous reverrons plus.

LE PERE DE FAMILLE.

Vous vous trompez, Monsieur le Commandeur.

St ALBIN.

Mon oncle.

LE COMMANDEUR.

Retire-toi. Je voue à ta sœur la haine la mieux conditionnée ; & toi, tu aurois cent enfans que je n'en nommerai pas un. Adieu.

(*Il sort*).

LE PERE DE FAMILLE.

Allons, mes enfans. Voyons qui de nous sçaura le mieux réparer les peines qu'il a causées.

St ALBIN.

Mon pere, ma sœur, mon ami, je vous ai tous affligés. Mais voyez-la, & accusez-moi, si vous pouvez.

LE PERE DE FAMILLE.

Allons, mes enfans. Monsieur le Bon, amenez mes pupilles. Madame Hébert, j'aurai soin de vous. Soyons tous heureux.

(*à Sophie*).

Ma fille, votre bonheur sera désormais

l'occupation la plus douce de mon fils. Apprenez-lui à votre tour à calmer les emportemens d'un caractere trop violent. Qu'il sçache qu'on ne peut être heureux, quand on abandonne son sort à ses passions. Que votre soumission, votre douceur, votre patience, toutes les vertus que vous nous avez montrées en ce jour, soient à jamais le modele de sa conduite, & l'objet de sa plus tendre estime...

   S.t ALBIN
   (*avec vivacité*).

Ah oui, mon papa.
  LE PERE DE FAMILLE
   (*à Germeuil*).

Mon fils, mon cher fils! Qu'il me tardoit de vous appeler de ce nom.

(*Ici Cécile baise la main de son pere*).

Vous ferez des jours heureux à ma fille. J'espere que vous n'en passerez avec elle aucun qui ne le soit... Je ferai, si je puis, le bonheur de tous... Sophie, il faut appeller ici votre mere, vos freres. Mes enfans, vous allez faire aux pieds des autels le serment de vous aimer toûjours. Vous ne sçauriez en avoir trop de témoins... Approchez mes enfans... Venez, Germeuil... Venez, Sophie.

(*Il unit ses quatre enfans, & il dit*):

Une belle femme, un homme de bien, sont les deux êtres les plus touchans de la nature. Donnez deux fois en un même jour, ce spectacle aux hommes... Mes enfans, que le Ciel vous bénisse, comme je vous bénis!

(*Il étend ses mains sur eux, & ils s'inclinent pour recevoir sa bénédiction*).

Le jour qui vous unira, sera le jour le plus solemnel de votre vie. Puisse-t-il être aussi le plus fortuné!.. Allons, mes enfans...

Oh qu'il est cruel... qu'il est doux d'être pere!

(*En sortant de la salle, le Pere de Famille conduit ses deux filles; Saint-Albin a les bras jettés autour de son ami Germeuil; Monsieur le Bon donne la main à Madame Hébert: le reste suit en confusion, & tous marquent le transport de la joie*).

Fin du cinquiéme & dernier Acte.

DE LA
POËSIE DRAMATIQUE.

A MON AMI MONSIEUR GRIMM.

II. Partie. a

SOMMAIRE.

I. DES GENRES DRAMATIQUES. *De l'habitude des peuples. Des limites de l'Art. De l'injustice des hommes. Se complaire dans son travail. Chercher les suffrages de ses amis. Attendre les autres du tems. Intervalle des genres. Système dramatique.* Pag. 4

II. DE LA COMÉDIE SÉRIEUSE. *Des qualités du poëte en ce genre. Objection. Réponse. Juger les productions de l'esprit en elles-mêmes. Avantages du comique honnête & sérieux, sur-tout chez un peuple corrompu. De quelques scènes du Faux-Généreux. De l'honnête. Seconde objection. Réponse. Le Juge, comédie, sujet proposé. Maniere de juger un ouvrage dramatique. De la nature humaine. Du spectacle. Des fictions. Du Poëte, du Romancier, & du Comédien. Du but commun à tous les Arts d'imitation. Exemple d'un tableau honnête & pathétique.* 16

III. D'UNE SORTE DE DRAME MORAL. *Ses regles ; ses avantages. Des impressions. Des applaudissemens.* 18

IV. D'UNE SORTE DE DRAME PHILO-

SOPHIQUE. *La mort de Socrate, exemple de ce Drame. Du Drame ancien & de sa simplicité.*

V. DES DRAMES SIMPLES ET DES DRAMES COMPOSÉS. *Le Drame simple préféré; & pourquoi. Difficulté de conduire deux intrigues à-la-fois. Exemples tirés de* l'Andrienne *& de* l'Eautontimorumenos. *Observation sur la conduite du* Pere de Famille. *Inconvénient des incidens multipliés.*

25

VI. DU DRAME BURLESQUE. *De son action & de son mouvement. Il exige une gaieté originale. Il n'est pas donné à tous d'y réussir. D'Aristophane. L'usage que le gouvernement pourroit faire d'un bon farceur. De l'action & du mouvement en général. De son accroissement.*

27

VII. DU PLAN ET DU DIALOGUE. *Quel est le plus difficile? Des qualités du poëte pour former un plan. De ses qualités pour bien dialoguer. Le plan & le dialogue ne peuvent être de deux mains différentes. Un même sujet fournira plusieurs plans; mais les caracteres étant donnés, les discours sont uns. Il y a plus de pieces bien dialoguées, que de pieces bien ordonnées. Un poëte forme son plan & projette ses scènes d'après son talent & son carac-*

tere. Du Soliloque & de son avantage. Défaut des jeunes poëtes.

34

VIII. DE L'ESQUISSE. *Idée d'*Aristote. *Poëtiques d'*Aristote *, d'*Horace *& de* Boileau. *Exemple d'esquisse d'un poëme tragique. Exemple d'esquisse d'un poëme comique. Avantages de l'esquisse. Moyen de la féconder & d'en faire sortir les incidens.*

42

IX. DES INCIDENS. *Du choix des incidens.* Moliere *&* Racine *cités. Des incidens frivoles. De la fatalité. Objection. Réponse.* Térence *&* Moliere *cités. Des fils. Des fils tendus à faux.* Moliere *cité.*

46

X. DU PLAN DE LA TRAGÉDIE ET DU PLAN DE LA COMÉDIE. *Quel est le plus difficile? Trois ordres de choses. Le poëte comique créateur dans son genre. Son modele. La Poésie comparée à l'Histoire plus utilement qu'à la Peinture. Du merveilleux. Imitation de la nature dans la combinaison des incidens extraordinaires. Des incidens simultanés. Du vernis romanesque. De l'illusion. L'illusion , quantité constante. Du Drame & du Roman.* Télémaque *cité. Tragédies toutes d'invention. De la Tragédie domestique.*

a iij

vj

S'il faut l'écrire en vers. Résumé. Du Poëte & du Versificateur. De l'imagination. De la réalité & de la fiction. Du Philosophe & du Poëte. Ils sont conséquens & inconséquens dans le même sens. Eloge de l'imagination. Imagination réglée. Racheter le merveilleux par des choses communes. De la composition du Drame. Faire la premiere scène la premiere, & la derniere scène la derniere. De l'influence des scènes les unes sur les autres. Objection. Réponse. Du Pere de Famille. *De l'Ami sincere de* Goldoni. *Du* Fils Naturel. *Réponse aux critiques du* Fils Naturel. *De la simplicité. De la lecture des anciens. De la lecture d'*Homere. *Son utilité au poëte dramatique, prouvée par quelques morceaux traduits.* 75

XI. DE L'INTÉRÊT. *Perdre de vûe le spectateur. Faut-il l'instruire ou le tenir dans l'ignorance des incidens? Ineptie des regles générales. Exemples tirés de* Zaïre, *d'*Iphigénie en Tauride, *& de* Britannicus. *Le sujet où les reticences sont nécessaires, est ingrat. Preuves tirées du* Pere de Famille *& de l'*Heycire *de* Térence. *De l'effet des monologues. De la nature de l'intérêt & de son accroissement. De l'Art poëtique, & de ceux qui en ont écrit. Si un homme de génie compose jamais un art poëtique, sçavoir si le mot* spectateur *s'y trouvera.*

D'autres modeles, d'autres loix. Comparaison du Peintre & du Poëte dramatique. L'attention du poëte au spectateur, gêne le poëte & suspend l'action. Moliere *cité.* 87

XII. DE L'EXPOSITION. *Qu'est-ce que c'est ? Dans la Comédie. Dans la Tragédie. Y a-t-il toujours une exposition ? De l'avant-scène, ou du moment où commence l'action. Il importe de l'avoir bien choisi. Il faut avoir un censeur, & qui soit homme de génie. Expliquer ce qu'il faut expliquer. Négliger les minuties. Débuter fortement. Cependant une premiere situation forte n'est pas sans inconvénient.* 91

XIII. DES CARACTERES. *Il faut les mettre en contraste avec les situations & les intérêts, & non entr'eux. Du contraste des caracteres entr'eux. Examen de ce contraste. Le contraste en général vicieux. Celui des caracteres multiplié dans un drame le rendroit maussade. Fausse supposition qui le prouve. Il montre l'art. Il ajoûte au vernis romanesque. Il gêne la conduite. Il rend le dialogue monotone. Bien fait, il rendroit le sujet du Drame équivoque. Preuves tirées du* Misantrope *de* Moliere *& des* Adelphes *de* Térence. *Drames sans contraste plus vrais, plus simples, plus difficiles, & plus beaux.*

Il n'y a point de contraste dans la Tragédie. Corneille, Plaute, Moliere, Térence *cités. Le contraste des sentimens & des images est le seul qui me plaise. Ce que c'est.* Exemples tirés d'Homere, de Lucrece, d'Horace, d'Anacréon, de Catulle, de l'Histoire naturelle, de l'Esprit. *D'un tableau du* Poussin. *Du contraste par la vertu. Du contraste par le vice. Contraste réel. Contraste feint. Les anciens n'ont pas connu le contraste.* 106

XIV. DE LA DIVISION DE L'ACTION ET DES ACTES. *De quelques regles arbitraires, comme paroître ou être annoncé ; rentrer sur la scène ; couper ses actes à-peu-près de la même longueur. Exemples du contraire.* 109

XV. DES ENTRACTES. *Ce que c'est. Quelle en est la loi. L'action ne s'arrête pas même dans l'entracte. Chaque acte d'une piece bien faite pourroit avoir un titre. Des scènes supposées. Précepte important là-dessus. Exemple de ce précepte.* 117

XVI. DES SCÈNES. *Voir son personnage, quand il entre. Le faire parler d'après la situation de ceux qu'il aborde. Oublier le talent de l'acteur. Défaut des modernes dans lequel sont aussi tombés les anciens. Des scènes pantomimes. Des scènes parlées. Des scènes pantomimes & parlées. Des scènes simultanées. Dès scènes épisodiques. Avantages & exemples rares de ces scènes.* 124

XVII. DU TON. *Chaque caractere a le sien. De la plaisanterie. De la vérité du discours en Philosophie & en Poësie. Peindre d'après la passion & l'intérêt. Combien il est injuste de confondre le poëte & le personnage ! De l'homme & de l'homme de génie. Différence d'un dialogue & d'une scène. Dialogue de* Corneille *& de* Racine *comparé. Exemples. De la liaison du dialogue par les sentimens. Exemples. Dialogue de* Moliere. Les Femmes Sçavantes *& le* Tartuffe *cités. Du dialogue de* Térence. L'Eunuque *cité. Des scènes isolées. Difficulté des scènes, lorsque le sujet est simple. Faux jugement du spectateur. Des scènes du* Fils naturel *& du* Pere de Famille. *Du monologue. Regle générale & peut-être la seule de l'Art dramatique. Des caricatures. Du foible & de l'outré.* Térence *cité. Des Daves. Des amans de la scène ancienne, & des nôtres.* 138

XVIII. DES MŒURS. *De l'utilité des spectacles. Des mœurs des comédiens. De l'abus prétendu des spectacles. Des mœurs d'un peuple. Tout peuple n'est pas également propre à réussir dans toutes sortes de Drame. Du Drame sous différens gou-*

vernemens. De la Comédie dans un état monarchique. Inconvénient. De la Poëſie & des Poëtes chez un peuple esclave & avili. Des mœurs poëtiques. Des mœurs anciennes. De la nature propre à la Poëſie. Des tems qui annoncent la naiſſance des Poëtes. Du génie. De l'art d'embellir les mœurs. Bizarrerie des peuples policés. Térence cité. Cauſe de l'incertitude du goût. 148

XIX. De la Décoration. Montrer le lieu de la ſcène, tel qu'il eſt. De la peinture théatrale. Deux poëtes ne peuvent à-la-fois ſe montrer avec un égal avantage. Du Drame lyrique. 151

XX. Des Vêtemens. Du mauvais goût. Du luxe. De la repréſentation de l'Orphelin de la Chine. Des perſonnages du Pere de Famille & de leur vêtement. Diſcours adreſſé à une célèbre actrice de nos jours. 155

XXI. De la Pantomime. Du jeu des Comédiens Italiens. Objection. Réponſe. Du jeu des principaux perſonnages. Du jeu des perſonnages ſubalternes. Pédanterie de théatre. La pantomime portion importante du Drame. Vérité de quelques ſcènes pantomimes. Exemples. Néceſſité d'écrire le jeu. Quand & quel eſt ſon effet ? Térence

& Moliere cités. On connoît si le poète a négligé ou considéré la pantomime. S'il l'a négligée, on ne l'introduira point dans son Drame. Moliere l'avoit écrite. Très-humbles représentations à nos Critiques. Endroits des anciens poètes obscurs, & pourquoi ? La pantomime partie importante du Roman. Richardson cité. Scène d'Oreste & de Pilade, avec sa pantomime. Mort de Socrate avec sa pantomime. Loix de la composition communes à la Peinture & à l'action dramatique. Difficulté de l'action théatrale, sous ce point de vûe. Objection. Réponse. Utilité de la pantomime écrite, pour nous. Qu'est-ce que la pantomime ? Qu'est-ce que le poëte qui l'écrit dit au peuple ? Qu'est-ce qu'il dit au comédien ? Il est difficile de l'écrire, & facile de la critiquer.

XXII. DES AUTEURS ET DES CRITIQUES. Critiques comparés à certains hommes sauvages ; à une espece de solitaire imbécille. Vanité de l'Auteur. Vanité du Critique. Plaintes des uns & des autres. Equité du public. Critique des vivans. Critique des morts. Le succès équivoque du Misantrope, consolation des auteurs malheureux. L'auteur est le meilleur Critique de son ouvrage. Auteurs & Critiques ni assez honnêtes gens ni assez instruits. Liaison du goût avec la morale. Conseils à un auteur.

Exemple proposé aux Auteurs & aux Critiques dans la personne d'Ariste. Soliloque d'Ariste sur le vrai, le bon & le beau. Fin du discours sur la Poësie dramatique. 195

DE LA
POÉSIE DRAMATIQUE,
A MONSIEUR GRIMM.

Vice cotis acutum
Reddere quæ ferrum valet, exsors ipsa secandi.
Horat. *de Art. poet.*

SI un Peuple n'avoit jamais eu qu'un genre de Spectacle plaisant & gai, & qu'on lui en proposât un autre sérieux & touchant, sçauriez-vous, mon ami, ce qu'il en penseroit ? Je me trompe fort, ou les hommes de sens, après en avoir conçu la possibilité, ne manqueroient pas de dire : A quoi bon ce genre ? La vie ne nous apporte-t-elle pas assez de peines réelles, sans qu'on nous en fasse encore d'imaginaires ? Pourquoi donner entrée à la tristesse jusques dans nos amusemens ? Ils parleroient comme des gens étrangers au plaisir de s'attendrir & de répandre des larmes.

II. Partie.

L'habitude nous captive. Un homme a-t-il paru avec une étincelle de génie ? a-t-il produit quelque ouvrage ? D'abord il étonne & partage les esprits ; peu-à-peu il les réunit ; bien-tôt il est suivi d'une foule d'imitateurs ; les modeles se multiplient ; on accumule les observations ; on pose des regles ; l'Art naît ; on fixe ses limites, & l'on prononce que tout ce qui n'est pas compris dans l'enceinte étroite qu'on a tracée, est bisarre & mauvais : ce sont les colonnes d'Hercule, on n'ira point au-delà sans s'égarer.

Mais rien ne prévaut contre le vrai. Le mauvais passe malgré l'éloge de l'imbécillité, & le bon reste malgré l'indécision de l'ignorance & la clameur de l'envie. Ce qu'il y a de fâcheux, c'est que les hommes n'obtiennent justice que quand ils ne sont plus. Ce n'est qu'après qu'on a tourmenté leur vie, qu'on jette sur leurs tombeaux quelques fleurs inodores. Que faire donc ? Se reposer, ou subir une loi à laquelle de meilleurs que nous ont été soûmis. Malheur à celui qui s'occupe, si son travail n'est pas la source de ses instans les plus doux, & s'il ne sçait pas se contenter de peu de suffrages. Le nombre des bons juges est borné. O mon ami, lorsque j'aurai publié quelque chose, que ce soit l'ébauche d'un drame, une idée philosophique, un morceau de morale ou de littérature, car mon esprit se délasse par la variété, j'irai vous voir. Si ma présence ne vous gêne pas; si vous venez à moi d'un air satisfait; j'attendrai sans impatience que le tems & l'équité, que le tems amene toujours, ayent apprécié mon ouvrage.

S'il existe un genre, il est difficile d'en introduire un nouveau. Celui-ci est-il introduit ? autre préjugé ; bien-tôt on imagine que les deux genres adoptés sont voisins & se touchent.

Zénon nioit la réalité du mouvement. Pour toute réponse, son adversaire se mit à marcher ; & quand il n'auroit fait que boiter, il eût toujours répondu.

J'ai essayé de donner dans *le Fils Na-*

turel l'idée d'un drame qui fût entre la comédie & la tragédie.

Le *Pere de Famille* que je promis alors, & que des distractions continuelles ont retardé, est entre le genre sérieux du *Fils Naturel*, & la comédie.

Et si jamais j'en ai le loisir & le courage, je ne désespére pas de composer un drame qui se place entre le genre sérieux & la tragédie.

Qu'on reconnoisse à ces ouvrages quelque mérite, ou qu'on ne leur en accorde aucun, ils n'en démontreront pas moins que l'intervalle que j'appercevois entre les deux genres établis, n'étoit pas chimérique.

Voici donc le système dramatique dans toute son étendue. La Comédie gaie qui a pour objet le ridicule & le vice. La Comédie sérieuse qui a pour objet la vertu & les devoirs de l'homme. La Tragédie qui auroit pour objet nos malheurs domestiques. La Tragédie qui a pour objet les catastrophes publiques & les malheurs des grands.

Mais qui est-ce qui nous peindra fortement les devoirs des hommes? Quelles seront les qualités du Poëte qui se proposera cette tâche?

Qu'il soit philosophe, qu'il ait descendu en lui même, qu'il y ait vû la nature humaine, qu'il soit profondément instruit des états de la société, qu'il en connoisse bien les fonctions & le poids, les inconvéniens & les avantages.

« Mais comment renfermer dans les
» bornes étroites d'un drame tout ce qui
» appartient à la condition d'un homme?
» Où est l'intrigue qui puisse embrasser
» cet objet? On fera dans ce genre de ces
» pieces que nous appellons à tiroir; des
» scènes épisodiques succéderont à des scè-
» nes épisodiques & décousues, ou tout
» au plus liées par une petite intrigue qui
» serpentera entr'elles: mais plus d'unité,
» peu d'action, point d'intérêt. Chaque
» scène réunira les deux points si recom-
» mandés par Horace: mais il n'y aura

» point d'enfemble, & le tout fera fans » confiftence & fans énergie ».

Si les conditions des hommes nous fourniffent des pieces, telles par exemple que les *Fâcheux* de Moliere, c'eft déjà quelque chofe : mais je crois qu'on en peut tirer un meilleur parti. Les obligations & les inconvéniens d'un état ne font pas tous de la même importance. Il me femble qu'on peut s'attacher aux principaux, en faire la bafe de fon ouvrage, & jetter le refte dans les détails. C'eft ce que je me fuis propofé dans le *Pere de Famille*, où l'établiffement du Fils & de la Fille font mes deux grands pivots. La fortune, la naiffance, l'éducation, les devoirs des peres envers leurs enfans & des enfans envers leurs parens, le mariage, le célibat, tout ce qui tient à l'état d'un pere de famille, vient amené par le dialogue. Qu'un autre entre dans la carriere, qu'il ait le talent qui me manque ; & vous verrez ce que fon drame deviendra.

Ce qu'on objecte contre ce genre, ne prouve qu'une chose ; c'est qu'il est difficile à manier, que ce ne peut être l'ouvrage d'un enfant, & qu'il suppose plus d'art, de connoissances, de gravité & de force d'esprit, qu'on n'en a communément quand on se livre au théatre.

Pour bien juger d'une production, il ne faut pas la rapporter à une autre production. Ce fut ainsi qu'un de nos premiers Critiques se trompa. Il dit : les Anciens n'ont point eu d'Opéra, donc l'Opéra est un mauvais genre. Plus circonspect ou plus instruit il eût dit peut-être : les Anciens n'avoient qu'un Opéra, donc notre Tragédie n'est pas bonne. Meilleur Logicien, il n'eût fait ni l'un ni l'autre raisonnement. Qu'il y ait ou non des modeles subsistans, il n'importe. Il est une regle antérieure à tout, & la raison poétique étoit qu'il n'y avoit point encore de poëtes : sans cela, comment auroit-on jugé le premier poëme ? Fut-il bon parce qu'il plut ? ou plut-il parce qu'il étoit bon ?

Les devoirs des hommes font un fond aussi riche pour le Poëte dramatique, que leurs ridicules & leurs vices ; & les Pieces honnêtes & sérieuses réussiront par-tout, mais plus sûrement encore chez un peuple corrompu, qu'ailleurs. C'est en allant au Théatre qu'ils se sauveront de la compagnie des méchans dont ils sont entourés ; c'est-là qu'ils trouveront ceux avec lesquels ils aimeroient à vivre ; c'est-là qu'ils verront l'espece humaine comme elle est, & qu'ils se reconcilieront avec elle. Les gens de bien sont rares ; mais il y en a. Celui qui pense autrement, s'accuse lui-même, & montre combien il est malheureux dans sa femme, dans ses parens, dans ses amis, dans ses connoissances. Quelqu'un me disoit un jour, après la lecture d'un ouvrage honnête qui l'avoit délicieusement occupé : il me semble que je suis resté seul. L'ouvrage méritoit cet éloge ; mais ses amis ne méritoient pas cette satyre.

C'est toujours la vertu & les gens vertueux qu'il faut avoir en vûe quand on écrit. C'eſt vous, mon ami, que j'évoque quand je prens la plume ; c'eſt vous que j'ai devant les yeux quand j'agis. C'eſt à Sophie que je veux plaire. Si vous m'avez ſouri, ſi elle a verſé une larme, ſi vous m'en aimez tous les deux davantage, je ſuis récompenſé.

Lorſque j'entendis les ſcènes du Payſan dans le *Faux-Généreux*, je dis : voilà qui plaira à toute la terre & dans tous les tems ; voilà qui fera fondre en larmes. L'effet a confirmé mon jugement. Cet épiſode eſt tout-à-fait dans le genre honnête & ſérieux.

« L'exemple d'un épiſode heureux ne
» prouve rien, dira-t-on. Et ſi vous ne rom-
» pez le diſcours monotone de la vertu
» par le fracas de quelques caracteres ri-
» dicules & même un peu forcés, comme
» tous les autres ont fait ; quoi que vous
» diſiez du genre honnête & ſérieux,
» je craindrai toujours que vous n'en ti-
» riez que des ſcènes froides & ſans cou-

» leur, de la morale ennuyeuſe & triſte;
» & des eſpeces de ſermons dialogués ».

Parcourons les parties d'un drame, & voyons. Eſt-ce par le ſujet qu'il en faut juger ? Dans le genre honnête & ſérieux, le ſujet n'eſt pas moins important que dans la comédie gaie, & il y eſt traité d'une maniere plus vraie. Eſt-ce par les caracteres ? Ils y peuvent être auſſi divers & auſſi originaux, & le Poëte eſt contraint de les deſſiner encore plus fortement. Eſt-ce par les paſſions ? Elles s'y montreront d'autant plus énergiques, que l'intérêt ſera plus grand. Eſt-ce par le ſtyle ? Il y ſera plus nerveux, plus grave, plus élevé, plus violent, plus ſuſceptible de ce que nous appellons le ſentiment, qualité ſans laquelle aucun ſtyle ne parle au cœur. Eſt-ce par l'abſence du ridicule ? Comme ſi la folie des actions & des diſcours, lorſqu'ils ſont ſuggérés par un intérêt mal-entendu, ou par le tranſport de la paſſion, n'étoit pas le vrai ridicule des hommes & de la vie.

J'en appelle aux beaux endroits de Térence ; & je demande dans quel genre font écrites fes fcènes de Peres & d'Amans ?

Si dans le *Pere de Famille* je n'ai pas fçû répondre à l'importance de mon fujet ; fi la marche en eft froide, les paffions difcoureufes & moraliftes ; fi les caracteres du Pere, de fon Fils, de Sophie, du Commandeur, de Germeuil & de Cécile manquent de vigueur comique, fera-ce la faute du genre ou la mienne ?

Que quelqu'un fe propofe de mettre fur la fcene la condition du Juge ; qu'il intrigue fon fujet d'une maniere auffi intéreffante qu'il le comporte & que je le conçois ; que l'homme y foit forcé par les fonctions de fon état, ou de manquer à la dignité & à la fainteté de fon miniftere, & de fe deshonorer aux yeux des autres & aux fiens, ou de s'immoler lui-même dans fes paffions, fes goûts, fa fortune, fa naiffance, fa femme & fes enfans, & l'on prononcera après, fi l'on veut, que le drame honnête & férieux eft fans chaleur, fans couleur & fans force.

Une maniere de me décider qui m'a fouvent réuffi, & à laquelle je reviens toutes les fois que l'habitude ou la nouveauté rend mon jugement incertain, car l'une & l'autre produifent cet effet; c'eft de faifir par la penfée les objets, de les tranfporter de la nature fur la toile, & de les examiner à cette diftance où ils ne font ni trop près ni trop loin de moi.

Appliquons ici ce moyen. Prenons deux Comédies, l'une dans le genre férieux, & l'autre dans le genre gai; formons-en, fcène à fcène, deux galeries de tableaux; & voyons celle où nous nous promenerons le plus long-tems & le plus volontiers, où nous éprouverons les fenfations les plus fortes & les plus agréables, & où nous ferons le plus preffés de retourner.

Je le répete donc: l'honnête, l'honnête. Il nous touche d'une maniere plus intime & plus douce que ce qui excite notre mépris & nos ris. Poëte, êtes-vous sensible & délicat ? pincez cette corde, & vous l'entendrez resonner ou frémir dans toutes les ames.

« La nature humaine est donc bonne ? »

Oui, mon ami, & très-bonne. L'eau, l'air, la terre, le feu, tout est bon dans la nature ; & l'ouragan qui s'éleve sur la fin de l'automne, secoue les forêts, & frappant les arbres les uns contre les autres, en brise & sépare les branches mortes ; & la tempête qui bat les eaux de la mer & les purifie ; & le volcan qui verse de son flanc entrouvert des flots de matieres embrasées, & porte dans l'air la vapeur qui le nettoye.

Ce sont les misérables conventions qui pervertissent l'homme, & non la nature humaine, qu'il faut accuser. En effet, qu'est-ce qui nous affecte comme le récit d'une action généreuse ? Où est le malheureux qui puisse écouter froidement la plainte d'un homme de bien ?

Le parterre de la Comédie est le seul endroit où les larmes de l'homme vertueux

& du méchant soyent confondues. Là, le méchant s'irrite contre des injustices qu'il auroit commises, compatit à des maux qu'il auroit occasionnés, & s'indigne contre un homme de son propre caractere. Mais l'impression est reçûe, elle demeure en nous, malgré nous; & le méchant sort de sa loge moins disposé à faire le mal que s'il eût été gourmandé par un orateur sévere & dur.

Le Poëte, le Romancier, le Comédien vont au cœur d'une maniere détournée, & en frappent d'autant plus sûrement & plus fortement l'ame qu'elle s'étend & s'offre d'elle-même au coup. Les peines sur lesquelles ils m'attendrissent sont imaginaires; d'accord: mais ils m'attendrissent. Chaque ligne de l'*Homme de qualité retiré du monde*, du *Doyen de Killarine*, & de *Cléveland* excite en moi un mouvement d'intérêt sur les malheurs de la vertu, & me coûte des larmes. Quel art seroit plus funeste que celui qui me rendroit complice du vicieux? Mais aussi quel art plus précieux que celui qui m'attache imperceptiblement au sort de l'homme de bien ; qui me tire de la situation tranquille & douce dont je jouis, pour me promener avec lui, m'enfoncer dans les cavernes où il se réfugie, & m'associer à toutes les traverses par lesquelles il plaît au Poëte d'éprouver sa constance.

O quel bien il en reviendroit aux hommes, si tous les arts d'imitation se proposoient un objet commun & concouroient un jour avec les loix pour nous faire aimer la vertu & haïr le vice! C'est au Philosophe à les y inviter ; c'est à lui à s'adresser au Poëte, au Peintre, au Musicien, & à leur crier avec force: Hommes de génie, pourquoi le Ciel vous a-t-il doués? S'il en est entendu, bien-tôt les images de la débauche ne couvriront plus les murs de nos palais; nos voix ne seront plus des organes du crime, & le goût & les mœurs y gagneront. Croit-on en effet que l'action de deux époux aveugles qui se chercheroient encore dans un âge avancé, & qui les paupieres humides

des larmes de la tendresse, se serreroient les mains, & se caresseroient, pour ainsi dire, au bord du tombeau, ne demanderoit pas le même talent & ne m'intéresseroit pas davantage que le spectacle des plaisirs violens dont leurs sens tout nouveaux s'enyvroient dans l'adolescence?

Quelquefois j'ai pensé qu'on discuteroit au théatre les points de Morale les plus importans, & cela sans nuire à la marche violente & rapide de l'action dramatique.

De quoi s'agiroit-il en effet? De disposer le poëme de maniere que les choses y fussent amenées comme l'abdication de l'empire l'est dans Cinna. C'est ainsi qu'un Poëte agiteroit la question du suicide, de l'honneur, du duel, de la fortune, des dignités, & cent autres. Nos Poëmes en prendroient une gravité qu'ils n'ont pas. Si une telle scène est nécessaire, si elle tient au fond, si elle est annoncée & que le spectateur la desire, il y donnera toute son attention, & il en sera bien autrement affecté que de ces petites sentences alambiquées

biquées dont nos ouvrages modernes font cousus.

Ce ne font pas des mots que je veux remporter du théatre, mais des impressions. Celui qui prononcera d'un drame dont on citera beaucoup de pensées détachées, que c'est un ouvrage médiocre, se trompera rarement. Le Poëme excellent est celui dont l'effet demeure longtems en moi.

O Poëtes dramatiques, l'applaudissement vrai que vous devez vous proposer d'obtenir, ce n'est pas ce battement de mains qui se fait entendre subitement après un vers éclatant, mais ce soupir profond qui part de l'ame après la contrainte d'un long silence, & qui la soulage. Il est une impression plus violente encore, & que vous concevrez, si vous êtes nés pour votre Art & si vous en pressentez toute la magie : c'est de mettre un peuple comme à la gêne. Alors les esprits seront troublés, incertains, flottans, éperdus, & vos spectateurs tels que ceux qui dans les tremble-

II. Partie.

B

mens d'une partie du globe, voyent les murs de leurs maisons vaciller, & sentent la terre se dérober sous leurs pieds.

Il est une sorte de drame où l'on présenteroit la Morale directement & avec succès. En voici un exemple. Ecoutez bien ce que nos juges en diront; & s'ils le trouvent froid, croyez qu'ils n'ont ni énergie dans l'ame, ni idée de la véritable éloquence, ni sensibilité, ni entrailles. Pour moi, je pense que l'homme de génie qui s'en emparera, ne laissera pas aux yeux le tems de se sécher, & que nous lui devrons le spectacle le plus touchant, & une des lectures les plus instructives & les plus délicieuses que nous puissions faire. C'est la mort de Socrate.

La scène est dans une prison. On y voit le philosophe enchaîné & couché sur la paille. Il est endormi. Ses amis ont corrompu ses gardes, & ils viennent dès la pointe du jour lui annoncer sa délivrance.

Tout Athènes est dans la rumeur, mais l'homme juste dort.

De l'innocence de la vie. Qu'il est doux d'avoir bien vécu, lorsqu'on est sur le point de mourir ! *Scène premiere.*

Socrate s'éveille ; il apperçoit ses amis, il est surpris de les voir si matin.

Le songe de Socrate.

Ils lui apprennent ce qu'ils ont exécuté ; il examine avec eux ce qu'il lui convient de faire.

Du respect qu'on se doit à soi-même, & de la sainteté des Loix. *Scène seconde.*

Les gardes arrivent ; on lui ôte ses chaînes.

La fable sur la peine & sur le plaisir.

Les juges entrent, & avec eux les accusateurs de Socrate & la foule du peuple. Il est accusé, & il se défend.

L'apologie. *Scène troisieme.*

Il faut ici s'assujettir au costumé : il faut qu'on lise les accusations ; que Socrate interpelle ses juges, ses accusateurs, & le peuple ; qu'il les presse ; qu'il les interroge ; qu'il leur réponde. Il faut montrer la chose comme elle s'est passée ; & le spectacle n'en fera que plus vrai, plus frappant, & plus beau.

Les juges se retirent ; les amis de Socrate restent ; ils ont pressenti la condamnation. Socrate les entretient & les console.

De l'immortalité de l'ame. *Scène quatrieme.*

Il est jugé. On lui annonce sa mort. Il voit sa femme & ses enfans. On lui apporte la ciguë. Il meurt. *Scène cinquieme.*

Ce n'est-là qu'un acte ; mais s'il est bien fait, il aura presque l'étendue d'une piece ordinaire. Quelle éloquence ne demande-t-il pas ? quelle profondeur de philosophie ! quel naturel ! quelle vérité ! Si l'on saisit bien le caractere ferme, simple, tranquille, serein, & élevé du philosophe, on éprouvera combien il est difficile à peindre. A chaque instant il doit amener le ris sur le bord des levres & les larmes aux yeux. Je mourrois content, si j'avois rempli cette tâche comme je la conçois. Encore une fois, si les critiques ne voyent là-dedans qu'un enchaînement de difcours philofophiques & froids, o les pauvres gens ! que je les plains !

Pour moi, je fais plus de cas d'une paffion, d'un caractere qui fe dévelope peu-à-peu & qui finit par fe montrer dans toute fon énergie, que de ces combinaifons d'incidens dont on forme le tiffu d'une piece où les perfonnages & les fpectateurs font également ballotés. Il me femble que le bon goût les dédaigne, & que les grands effets ne s'en accommodent pas. Voilà cependant ce que nous appellons du mouvement. Les anciens en avoient une autre idée. Une conduite fimple, une action prife le plus près de fa fin pour que tout fût dans l'extrême, une cataftrophe fans ceffe imminente & toujours éloignée par une circonftance fimple & vraie, des difcours énergiques, des paffions fortes, des tableaux, un ou deux caracteres fermement deffinés : voilà tout leur appareil. Il n'en falloit pas davantage à Sophocle pour renverfer les efprits. Celui à qui la lecture des anciens a déplu, ne sçaura jamais combien notre Racine doit au vieil Homere.

N'avez-vous pas remarqué comme moi, que quelque compliquée que fût une piece, il n'eſt preſque perſonne qui n'en rendît compte au ſortir de la premiere repréſentation. On ſe rappelle facilement les événemens, mais non les diſcours; & les événemens une fois connus, la piece compliquée a perdu ſon effet.

Si un ouvrage dramatique ne doit être repréſenté qu'une fois & jamais imprimé, je dirai au poëte : compliquez tant qu'il vous plaira; vous agiterez, vous occuperez ſurement; mais ſoyez ſimple, ſi vous voulez être lû & reſter.

Une belle ſcène contient plus d'idées que tout un drame ne peut offrir d'incidens; & c'eſt ſur les idées qu'on revient. C'eſt ce qu'on entend ſans ſe laſſer, c'eſt ce qui affecte en tout tems. La ſcène de Roland dans l'antre où il attend en vain la perfide Angélique; le diſcours de Luſignan à ſa fille; celui de Clytemneſtre à Agamemnon me font toujours nouveaux.

Quand je permets de compliquer tant qu'on voudra, c'est la même action. Il est presque impossible de conduire deux intrigues à-la-fois, sans que l'une n'intéresse aux dépens de l'autre. Combien j'en pourrois citer d'exemples modernes ! mais je ne veux pas offenser.

Qu'y a-t-il de plus adroit que la maniere dont Térence a entrelacé les amours de Pamphile & de Charinus dans l'Andrienne ? Cependant l'a-t-il fait fans inconvénient ? Au commencement du second acte, ne croiroit-on pas entrer dans une autre piece ? & le cinquieme finit-il d'une maniere bien intéressante ?

Celui qui s'engage à mener deux intrigues à la fois, s'impose la nécessité de les dénouer dans un même instant. Si la principale s'acheve la premiere, celle qui reste ne se supporte plus ; si c'est au contraire l'intrigue épisodique qui abandonne la principale, autre inconvénient ; des personnages ou disparoissent tout-à-coup, ou se remontrent fans raifon, & l'ouvrage fe mutile ou fe refroidit.

Que deviendroit la piece que Térence a intitulée l'*Eautontimorumenos*, ou l'*ennemi de lui-même*, fi par un effort de génie le poëte n'avoit fçu reprendre l'intrigue de Clinia, qui fe termine au troifiéme acte, & la renouer avec celle de Clitiphon ?

Térence tranfporta l'intrigue de la Périnthienne de Ménandre dans l'Andrienne du même poëte grec, & de deux pieces fimples il en fit une compofée. Je fis le contraire dans *le Fils naturel*. Goldoni avoit fondu dans une farce en trois actes l'*Avare* de Moliere avec les caracteres de l'*Ami vrai*. Je féparai ces fujets, & je fis une piece en cinq actes : bonne ou mauvaife, il eft certain que j'eus raifon en ce point.

Térence prétend que pour avoir doublé le fujet de l'*Eautontimorumenos*, fa piece eft nouvelle; & j'y confens: pour meilleure, c'eft autre chofe.

Si j'ofois me flater de quelque adreffe

dans le *Pere de famille*, ce seroit d'avoir donné à Germeuil & à Cécile une passion qu'ils ne peuvent s'avouer dans les premiers actes, & de l'avoir tellement subordonnée dans toute la piece à celle de Saint-Albin pour Sophie, que même après une déclaration, Germeuil & Cécile ne peuvent s'entretenir de leur passion, quoiqu'ils se retrouvent ensemble à tout moment.

Il n'y a point de milieu : on perd toujours d'un côté ce que l'on gagne de l'autre. Si vous obtenez de l'intérêt & de la rapidité par des incidens multipliés, vous n'aurez plus de discours ; vos personnages auront à peine le tems de parler ; ils agiront au lieu de se déveloper. J'en parle par expérience.

On ne peut mettre trop d'action & de mouvement dans la Farce : qu'y diroit-on de supportable ? Il en faut moins dans la Comédie gaie, moins encore dans la Comédie sérieuse, & presque point dans la Tragédie.

Moins un genre est vrai-semblable, plus il est facile d'y être rapide & chaud. On a de la chaleur aux dépens de la vérité & des bienséances. La chose la plus mauſſade, ce seroit un drame burlesque & froid. Dans les genres sérieux, le choix des incidens rend la chaleur difficile à conserver.

Cependant une Farce excellente n'eſt pas l'ouvrage d'un homme ordinaire. Elle suppose une gaieté originale ; les caracteres en sont comme les grotesques de Calot, où les principaux traits de la figure humaine sont conservés. Il n'eſt pas donné à tout le monde d'eſtropier ainsi. Si l'on croit qu'il y ait beaucoup plus d'hommes capables de faire *Pourceaugnac* que *le Miſantrope*, on se trompe.

Qu'eſt-ce qu'Ariſtophane ? Un farceur original. Un auteur de cette eſpece doit être précieux pour le Gouvernement, s'il sçait l'employer. C'eſt à lui qu'il faut abandonner tous les enthouſiaſtes qui troublent de tems en tems la société. Si on les expoſe à la foire, on n'en remplira pas les priſons.

Quoique le mouvement varie ſelon les genres qu'on traite, l'action marche toujours. Elle ne s'arrête pas même dans les entr'actes. C'est une masse qui se détache du sommet d'un rocher : sa vîtesse s'accroît à-mesure qu'elle descend, & elle bondit d'espace en espace, par les obstacles qu'elle rencontre.

Si cette comparaison est juste ; s'il est vrai qu'il y ait d'autant moins de discours qu'il y a plus d'action, on doit plus parler qu'agir dans les premiers actes, & plus agir que parler dans les derniers.

Est-il plus difficile d'établir le plan que de dialoguer ? c'est une question que j'ai souvent entendu agiter ; & il m'a toujours semblé que chacun répondoit plûtôt selon son talent que selon la vérité de la chose.

Un homme à qui le commerce du monde est familier, qui parle avec aisance, qui connoît les hommes, qui les a étudiés, écoutés, & qui sçait écrire, trouve le plan difficile.

Un autre qui a de l'étendue dans l'esprit, qui a médité l'art poëtique, qui connoit le théatre, à qui l'expérience & le goût ont indiqué les situations qui intéressent, qui sçait combiner des événemens, formera son plan avec assez de facilité ; mais les scènes lui donneront de la peine. Celui-ci se contentera d'autant moins de son travail, que versé dans les meilleurs auteurs de sa langue & des langues anciennes, il ne peut s'empêcher de comparer ce qu'il fait à des chefs-d'œuvre qui lui sont présens. S'agit-il d'un récit ? celui de l'Andrienne lui revient ; d'une scène de passion ? l'Eunuque lui en offrira dix pour une qui le déséspéreront.

Au reste, l'un & l'autre sont l'ouvrage du génie ; mais le génie n'est pas le même. C'est le plan qui soutient une piece compliquée : c'est l'art du discours & du dialogue qui fait écouter & lire une piece simple.

J'obferverai pourtant qu'en général il y a plus de pieces bien dialoguées que de pieces bien conduites. Le génie qui dispose les incidens, paroît plus rare que celui qui trouve les vrais discours. Combien de belles scènes dans Moliere ! On compte ses dénouemens heureux.

Les plans se forment d'après l'imagination ; les discours d'après la nature.

On peut former une infinité de plans d'un même sujet, & d'après les mêmes caracteres. Mais les caracteres étant donnés, la maniere de faire parler est une. Vos personnages auront telle ou telle chose à dire, selon les situations où vous les aurez placés : mais étant les mêmes hommes dans toutes ces situations, jamais ils ne se contrediront.

On seroit tenté de croire qu'un drame devroit être l'ouvrage de deux hommes de génie, l'un qui arrangeât, & l'autre qui fît parler. Mais qui est-ce qui pourra dialoguer d'après le plan d'un autre? Le génie du dialogue n'est pas universel ; chaque homme se tâte & sent ce qu'il peut : sans qu'il s'en apperçoive, en formant son plan il cherche les situations dont il espére sortir avec succès. Changez ces situations, & il lui semblera que son génie l'abandonne.

Il faut à l'un des situations plaisantes ; à l'autre, des scènes morales & graves ; à un troisieme, des lieux d'éloquence & de pathétique. Donnez à Corneille un plan de Racine, & à Racine un plan de Corneille, & vous verrez comment ils s'en tireront.

Né avec un caractere sensible & droit, j'avoue, mon ami, que je n'ai jamais été effrayé d'un morceau d'où j'espérois sortir avec les ressources de la raison & de l'honnêteté. Ce sont des armes que mes parens m'ont appris à manier de bonne heure : je les ai si souvent employées contre les autres & contre moi.

Vous sçavez que je suis habitué de longue-main à l'art du soliloque. Si je quitte la société & que je rentre chez moi triste & chagrin, je me retire dans mon cabinet, & là je me questionne & je me demande : Qu'avez-vous ? de l'humeur ?..... Oui.... Est-ce que vous vous portez mal ?... Non.... Je me presse, j'arrache de moi la vérité. Alors il me semble que j'aie une ame gaie, tranquille, honnête & sereine, qui en interroge une autre qui eft honteufe de quelque fottife qu'elle craint d'avouer. Cependant l'aveu vient. Si c'eft une fottife que j'ai commife, comme il m'arrive affez fouvent, je m'abfous. Si c'en eft une qu'on m'a faite, comme il arrive quand j'ai rencontré des gens difpofés à abufer de la facilité de mon caractere, je pardonne. La triftefle fe diffipe ; je rentre dans ma famille bon époux, bon pere, bon maître, du moins je l'imagine ; & perfonne ne fe reffent d'un chagrin qui alloit fe répandre fur tout ce qui m'eût approché.

Je confeillerai cet examen fecret à tous ceux qui voudront écrire ; ils en deviendront à coup fûr plus honnêtes gens & meilleurs auteurs.

Que j'aie un plan à former ; fans que je m'en apperçoive, je chercherai des fituations qui quadreront à mon talent & à mon caractere.

« Ce plan fera-t-il le meilleur ? »
Il me le paroîtra fans doute.
« Mais aux autres ? »

C'est une autre question.

Ecouter les hommes, & s'entretenir souvent avec soi ; voilà les moyens de se former au dialogue.

Avoir une belle imagination ; consulter l'ordre & l'enchaînement des choses ; ne pas redouter les scènes difficiles ni le long travail ; entrer par le centre de son sujet ; bien discerner le moment où l'action doit commencer ; sçavoir ce qu'il est à-propos de laisser en arriere ; connoître les situations qui affectent : voilà le talent d'après lequel on sçaura former un plan.

Sur-tout s'imposer la loi de ne pas jetter sur le papier une seule idée de détail, que le plan ne soit arrêté.

Comme le plan coûte beaucoup & qu'il veut être long-tems médité, qu'arrive-t-il à ceux qui se livrent au genre dramatique & qui ont quelque facilité à peindre des caracteres ? Ils ont une vûe générale de leur sujet, ils connoissent à-peu-près les situations, ils ont projetté leurs caracteres ; & lorsqu'ils se sont dit : cette mere

fera

sera coquette, ce pere sera dur, cet amant libertin, cette jeune fille sensible & tendre, la fureur de faire les scènes les prend. Ils écrivent; ils écrivent; ils rencontrent des idées fines, délicates, fortes même; ils ont des morceaux charmans & tout prêts: mais lorsqu'ils ont beaucoup travaillé, & qu'ils en viennent au plan, car c'est toûjours-là qu'il en faut venir, ils cherchent à placer ce morceau charmant; ils ne se résoudront jamais à perdre cette idée délicate ou forte; ils feront le contraire de ce qu'il falloit, le plan pour les scènes qu'il falloit faire pour le plan. De-là une conduite & même un dialogue contraints, beaucoup de peine & de tems perdus, & une multitude de copeaux qui demeurent sur le chantier. Quel chagrin, sur-tout si l'ouvrage est en vers!

J'ai connu un jeune poëte qui ne manquoit pas de génie, & qui a écrit plus de trois ou quatre mille vers d'une tragédie qu'il n'a point achevée, & qu'il n'achevera jamais.

Soit donc que vous compofiez en vers, ou que vous écriviez en profe; faites d'abord le plan : après cela vous fongerez aux fcènes.

Mais comment former le plan ? Il y a dans la Poétique d'Ariftote une belle idée là-deſſus. Elle m'a fervi ; elle peut fervir à d'autres, & la voici.

Entre une infinité d'hommes qui ont écrit de l'Art poétique, trois font particuliérement célébres : Ariftote, Horace & Boileau. Ariftote eft un philofophe qui marche avec ordre, qui établit des principes généraux, & qui en laiſſe les conféquences à tirer & les applications à faire. Horace eft un homme de génie qui femble affecter le défordre, & qui parle en poëte à des poëtes. Boileau eft un maître qui cherche à donner le précepte & l'exemple à fon difciple.

Ariftote dit en quelque endroit de fa Poétique : Soit que vous travailliez fur un fujet connu, foit que vous en tentiez un nouveau, commencez par efquiſſer la fable, & vous penferez enfuite aux épifodes ou circonstances qui doivent l'étendre. Est-ce une tragédie ? dites : une jeune princesse est conduite sur un autel pour y être immolée ; mais elle disparoît tout-à-coup aux yeux des spectateurs, & elle est transportée dans un pays où la coutume est de sacrifier les étrangers à la déesse qu'on y adore. On la fait prêtresse. Quelques années après, le frere de cette princesse arrive dans ce pays : il est saisi par les habitans ; & sur le point d'être sacrifié par les mains de sa sœur, il s'écrie : ce n'est donc pas assez que ma sœur ait été sacrifiée, il faut que je le sois aussi ! A ce mot il est reconnu & sauvé.

Mais pourquoi la princesse avoit-elle été condamnée à mourir sur un autel ?

Pourquoi immole-t-on les étrangers dans la terre barbare où son frere la rencontre ?

Comment a-t-il été pris ?

Il vient pour obéir à un oracle. Et pourquoi cet oracle ?

Il est reconnu par sa sœur. Mais cette

reconnoissance ne se pouvoit-elle faire autrement ?

Toutes ces choses sont hors du sujet. Il faut les suppléer dans la fable.

Le sujet appartient à tous. Mais le poëte disposera du reste à sa fantaisie ; & celui qui aura rempli sa tâche de la maniere la plus simple & la plus nécessaire, aura le mieux réussi.

L'idée d'Aristote est propre à tous les genres dramatiques ; & voici comment j'en ai fait usage pour moi.

Un pere a deux enfans, un fils & une fille. La fille aime secretement un jeune homme qui demeure dans la maison. Le fils est entêté d'une inconnue qu'il a vûe dans son voisinage. Il a tâché de la corrompre, mais inutilement. Il s'est déguisé & établi à côté d'elle sous un nom & sous des habits empruntés. Il passe-là pour un homme du peuple, attaché à quelque profession méchanique. Censé le jour à son travail, il ne voit celle qu'il aime que le soir. Mais le pere attentif à ce qui se passe dans sa maison, apprend que son fils s'absente toutes les nuits. Cette conduite qui annonce le déréglement, l'inquiete : il attend son fils.

C'est-là que la piece commence.

Qu'arrive-t-il ensuite ? C'est que cette fille convient à son fils ; & que découvrant en même tems que sa fille aime le jeune homme à qui il la destinoit, il la lui accorde, & qu'il conclut deux mariages contre le gré de son beau-frere qui avoit d'autres vûes.

Mais pourquoi la fille aime-t-elle secretement ?

Pourquoi le jeune homme qu'elle aime est-il dans la maison ? Qu'y fait-il ? Qui est-il ?

Qui est cette inconnue dont le fils est épris ? Comment est-elle tombée dans l'état de pauvreté où elle est.

D'où est-elle ? Née dans la province, qu'est-ce qui l'a amenée à Paris ? Qu'est-ce qui l'y retient ?

Qu'est-ce que le beau-frere ?

D'où vient l'autorité qu'il a dans la maison du pere?

Pourquoi s'oppose-t-il à des mariages qui conviennent au pere?

Mais la scène ne pouvant se passer en deux endroits, comment la jeune inconnue entrera-t-elle dans la maison du pere?

Comment le pere découvre-t-il la passion de sa fille & du jeune homme qu'il a chez lui?

Quelle raison a-t-il de dissimuler ses desseins?

Comment arrive-t-il que la jeune inconnue lui convienne?

Quels sont les obstacles que le beaufrere apporte à ses vûes?

Comment le double mariage se fait-il malgré ces obstacles?

Combien de choses qui demeurent indéterminées après que le Poëte a fait son esquisse. Mais voilà l'argument & le fond. C'est de-là qu'il doit tirer la division des actes, le nombre des personnages, leurs caracteres, & le sujet des scènes.

Je vois que cette esquisse me convient, parce que le pere dont je me propose de faire sortir le caractere, sera très-malheureux. Il ne voudra point un mariage qui convient à son fils ; sa fille lui paroîtra s'éloigner d'un mariage qu'il veut, & la défiance d'une délicatesse réciproque les empêchera l'un & l'autre de s'avouer leurs sentimens.

Le nombre de mes Personnages sera décidé.

Je ne suis plus incertain sur leurs caracteres.

Le pere aura le caractere de son état. Il sera bon, vigilant, ferme & tendre. Placé dans la circonstance la plus difficile de sa vie, elle suffira pour déployer toute son ame.

Il faut que son fils soit violent. Plus une passion est déraisonnable, moins il faut qu'elle soit libre.

Sa maîtresse ne sera jamais assez aimable. J'en ai fait un enfant innocent, honnête & sensible.

Le beau-frere qui eſt mon machiniſte, homme d'une tête étroite & à préjugés, ſera dur, foible, méchant, importun, ruſé, tracaſſier, le trouble de la maiſon, le fléau du pere & des enfans, & l'averſion de tout le monde.

Qu'eſt-ce que Germeuil? C'eſt le fils d'un ami du Pere de famille, dont les affaires ſe ſont dérangées, & qui a laiſſé cet enfant ſans reſſource. Le Pere de famille l'a pris chez lui après la mort de ſon ami, & l'a fait élever comme ſon fils.

Cécile perſuadée que ſon pere ne lui accordera jamais cet homme pour époux, le tiendra à une grande diſtance d'elle, le traitera quelquefois avec dureté; & Germeuil arrêté par cette conduite & par la crainte de manquer au Pere de famille ſon bienfaiteur, ſe renfermera dans les bornes du reſpect; mais les apparences ne ſeront pas ſi bien gardées de part & d'autre, que la paſſion ne perce tantôt dans les diſcours, tantôt dans les actions, mais toûjours d'une maniere incertaine & legére.

Germeuil sera donc d'un caractere ferme, tranquille, & un peu renfermé.

Et Cécile un composé de hauteur, de vivacité, de réserve & de sensibilité.

L'espece de dissimulation qui contiendra ces amans, trompera aussi le Pere de famille. Détourné de ses desseins par cette fausse antipathie, il n'osera proposer à sa fille pour époux un homme qui ne laisse appercevoir aucun penchant pour elle, & qu'elle paroît avoir pris en aversion.

Le pere dira : n'est-ce pas assez de tourmenter mon fils en lui ôtant une femme qu'il aime, sans aller encore persécuter ma fille en lui proposant pour époux un homme qu'elle n'aime pas ?

La fille dira : n'est-ce pas assez du chagrin que mon pere & mon oncle ressentent de la passion de mon frere, sans l'accroître encore par un aveu qui révolteroit tout le monde ?

Par ce moyen l'intrigue de la fille & de Germeuil sera sourde, ne nuira point à celle du fils & de sa maîtresse, & ne servira qu'à augmenter l'humeur de l'oncle & le chagrin du pere.

J'aurai réuffi au-delà de mes efpérances, fi je parviens à tellement intéreffer ces deux perfonnages à la paffion du fils, qu'ils ne puiffent s'occuper de la leur. Leur penchant ne partagera plus l'intérêt ; il rendra feulement leurs fcènes plus piquantes.

J'ai voulu que le pere fût le perfonnage principal. L'efquiffe reftoit la même ; mais tous les épifodes changeoient, fi j'avois choifi pour mon héros, ou le fils, ou l'ami, ou l'oncle.

Si le poëte a de l'imagination, & qu'il fe repofe fur fon efquiffe, il la fécondera, il en verra fortir une foule d'incidens, & il ne fera plus embarraffé que du choix.

Qu'il fe rende difficile fur ce point, lorfque fon fujet eft férieux. On ne fouffriroit pas aujourd'hui qu'un pere vînt avec une cloche de mulet mettre en fuite un pédant, ni qu'un mari fe cachât fous une table pour s'affûrer par lui-même des difcours qu'on tient à sa femme. Ces moyens sont de la farce.

Si une jeune princesse est conduite vers un autel sur lequel on doit l'immoler, on ne voudra pas qu'un aussi grand événement ne soit fondé que sur l'erreur d'un messager qui suit un chemin, tandis que la princesse & sa mere s'avancent par un autre.

« La fatalité qui nous joue n'attache-
» t-elle pas des révolutions plus importan-
» tes à des causes plus legéres » ?

Il est vrai. Mais le poëte ne doit pas l'imiter en cela. Il employera cet incident, s'il est donné par l'histoire. Mais il ne l'inventera pas. Je jugerai ses moyens plus sévérement que la conduite des dieux.

Qu'il soit scrupuleux dans le choix des incidens, & sobre dans leur usage; qu'il les proportionne à l'importance de son sujet, & qu'il établisse entr'eux une liaison presque nécessaire.

« Plus les moyens par lesquels la vo-
» lonté des dieux s'accomplira sur les hom-

» mes, seront obscurs & foibles, plus je
» serai effrayé sur leur sort.

J'en conviens. Mais il faut que je ne puisse douter que telle a été la volonté, non du poëte, mais des dieux.

La tragédie demande de l'importance dans les moyens ; la comédie de la finesse.

Un amant jaloux est-il incertain des sentimens de son ami ? Térence laissera sur la scène un Dave qui écoutera les discours de celui-ci & qui en fera le récit à son maître. Nos François voudront que leur poëte en sçache davantage.

Un vieillard sotement vain changera son nom bourgeois d'Arnolphe en celui de Monsieur de la Souche, & cet expédient ingénieux fondera toute l'intrigue, & en amenera le dénouement d'une maniere simple & inattendue : alors ils s'écrieront, à merveilles ! & ils auront raison. Mais si sans aucune vraisemblance, & cinq ou six fois de suite, on leur montre cet Arnolphe devenu le confident de son rival & la dupe de sa pupille, allant de

Valere à Agnès, & retournant d'Agnès à Valere, ils diront : ce n'est pas un Drame que cela, c'est un Conte ; & si vous n'avez pas tout l'esprit, toute la gayeté, tout le génie de Moliere, ils vous accuseront d'avoir manqué d'invention, & ils répéteront : c'est un Conte à dormir.

Si vous avez peu d'incidens, vous aurez peu de personnages. N'ayez point de personnages superflus ; & que des fils imperceptibles lient tous vos incidens.

Sur-tout ne tendez point de fils à faux : en m'occupant d'un embarras qui ne viendra point, vous égarerez mon attention.

Tel est, si je ne me trompe, l'effet du discours de Frosine dans l'*Avare*. Elle s'engage à détourner l'Avare du dessein d'épouser Marianne par le moyen d'une Vicomtesse de Basse-Bretagne dont elle se promet des merveilles & le spectateur avec elle. Cependant la piece finit, sans qu'on revoye ni Frosine, ni sa Basse-Bretonne qu'on attend toujours.

Quel ouvrage qu'un plan contre lequel

on n'auroit point d'objection! Y en a-t-il un? Plus il fera compliqué, moins il fera vrai. Mais on demande du plan d'une comédie & du plan d'une tragédie, quel est le plus difficile?

Il y a trois ordres de choses. L'histoire où le fait est donné. La tragédie où le poëte ajoûte à l'histoire ce qu'il imagine en pouvoir augmenter l'intérêt. La comédie où le poëte invente tout.

D'où l'on peut conclure que le poëte comique est le poëte par excellence. C'est lui qui fait. Il est dans sa sphère ce que l'Etre tout-puissant est dans la nature. C'est lui qui crée, qui tire du néant ; avec cette différence que nous n'entrevoyons dans la nature qu'un enchaînement d'effets dont les causes nous sont inconnues, au lieu que la marche du drame n'est jamais obscure ; & que si le poëte nous cache assez de ses ressorts pour nous piquer, il nous en laisse toujours appercevoir assez pour nous satisfaire.

« Mais la comédie étant une imitation

» de la nature dans toutes ses parties, le
» poëte n'a-t-il pas un modele auquel il
» se doive conformer, même lorsqu'il for-
» me son plan ? «

Sans doute.

« Quel est donc ce modele ? »

Avant que de répondre, je demanderai : qu'est-ce qu'un plan ?

« Un plan, c'est une histoire merveil-
» leuse distribuée selon les regles du genre
» dramatique ; histoire qui est en partie de
» l'invention du poëte tragique, & toute
» entiere de l'invention du poëte comi-
» que. »

Fort bien. Quel est donc le fondement
de l'art dramatique ?

« L'art historique » ?

Rien n'est plus certain. On a comparé
la Poésie à la Peinture, & l'on a bien fait ;
mais une comparaison plus utile & plus
féconde en vérités, ç'auroit été celle de
l'Histoire à la Poésie. On se seroit ainsi
formé des notions exactes du vrai, du vrai-
semblable & du possible ; & l'on eût fixé

l'idée nette & précife du merveilleux, terme commun à tous les genres de poéfie, & que peu de poëtes font en état de bien définir.

Tous les événemens hiftoriques ne font pas propres à faire des tragédies, ni tous les événemens domeftiques à fournir des fujets de comédie. Les anciens renfermoient le genre tragique dans les familles d'Alcméon, d'Œdipe, d'Orefte, de Méléagre, de Thyefte, de Télephe & d'Hercule.

Horace ne veut pas qu'on mette fur la fcène un perfonnage qui arrache un enfant tout vivant des entrailles d'une Lamie. Si on lui montre quelque chofe de femblable, il n'en pourra ni croire la poffibilité ni fupporter la vûe. Mais où eft le terme où l'abfurdité des événemens ceffe, & où la vraifemblance commence ? Comment le poëte fentira-t-il ce qu'il peut ofer ?

Il arrive quelquefois à l'ordre naturel des chofes d'enchaîner des incidens extraordinaires. C'eft le même ordre qui diftingue le merveilleux du miraculeux. Les

cas

cas rares sont merveilleux. Les cas naturellement impossibles sont miraculeux. L'Art dramatique rejette les miracles.

Si la nature ne combinoit jamais des événemens d'une maniere extraordinaire, tout ce que le poëte imagineroit au-delà de la simple & froide uniformité des choses communes, seroit incroyable. Mais il n'en est pas ainsi. Que fait donc le poëte ? Ou il s'empare de ces combinaisons extraordinaires, ou il en imagine de semblables. Mais au lieu que la liaison des événemens nous échappe souvent dans la nature, & que faute de connoître l'ensemble des choses nous ne voyons qu'une concomitance fatale dans les faits; le poëte veut lui qu'il regne dans toute la texture de son ouvrage une liaison apparente & sensible ; ensorte qu'il est moins vrai & plus vraisemblable que l'historien.

„ Mais puisqu'il suffit de la seule co-
„ existence des événemens pour fonder
„ le merveilleux dans l'histoire, pourquoi

» le poëte ne s'en contenteroit-il pas »?

Il s'en contente auffi quelquefois, surtout le poëte tragique. Mais la suppofition d'incidens fimultanés n'eft pas auffi permife au poëte comique.

« Et la raifon? »

C'eft que la portion connue que le poëte tragique emprunte de l'hiftoire, fait adopter ce qui eft d'imagination, comme s'il étoit hiftorique. Les chofes qu'il invente reçoivent de la vraifemblance par celles qui lui font données. Mais rien n'eft donné au poëte comique ; il lui eft donc moins permis de s'appuyer fur la fimultanéité des événemens. D'ailleurs la fatalité ou la volonté des dieux qui effraye fi fort les hommes de qui la deftinée fe trouve abandonnée à des êtres fupérieurs auxquels ils ne peuvent fe fouftraire, dont la main les fuit & les atteint au moment où ils font dans la fécurité la plus entiere, eft plus néceffaire à la tragédie. S'il y a quelque chofe de touchant, c'eft le fpectacle d'un homme rendu coupable & malheureux malgré lui.

Il faut que les hommes fassent dans la comédie le rôle que font les dieux dans la tragédie. La fatalité & la méchanceté, voilà dans l'un & l'autre genre les bases de l'intérêt dramatique.

« Qu'est-ce donc que le vernis roma-
» nesque qu'on reproche à quelques-unes
» de nos pieces ? »

Un ouvrage sera romanesque, si le merveilleux naît de la simultanéité des événemens ; si l'on y voit les dieux ou les hommes trop méchans, ou trop bons ; si les choses & les caracteres y different trop de ce que l'expérience ou l'histoire nous les montre ; & sur-tout si l'enchaînement des événemens y est trop extra-ordinaire & trop compliqué.

D'où l'on peut conclure que le roman dont on ne pourra faire un bon drame, ne sera pas mauvais pour cela ; mais qu'il n'y a point de bon drame dont on ne puisse faire un excellent roman. C'est par les regles que ces deux genres de poëſie different.

L'illuſion eſt leur but commun : mais d'où dépend l'illuſion ? Des circonſtances. Ce ſont les circonſtances qui la rendent plus ou moins difficile à produire.

Me permettra-t-on de parler un moment la langue des Géométres ? On ſçait ce qu'ils appellent une équation. L'illuſion eſt ſeule d'un côté. C'eſt une quantité conſtante qui eſt égale à une ſomme de termes, les uns poſitifs, les autres négatifs, dont le nombre & la combinaiſon peuvent varier ſans fin, mais dont la valeur totale eſt toûjours la même. Les termes poſitifs repréſentent les circonſtances communes ; & les négatifs, les circonſtances extraordinaires. Il faut qu'elles ſe rachetent les unes par les autres.

L'illuſion n'eſt pas volontaire. Celui qui diroit, je veux me faire illuſion, reſſembleroit à celui qui diroit : j'ai une expérience des choſes de la vie à laquelle je ne ferai aucune attention.

Quand je dis que l'illusion est une quantité constante, c'est dans un homme qui juge de différentes productions, & non dans des hommes différens. Il n'y a peut-être pas sur toute la surface de la terre deux individus qui ayent la même mesure de la certitude, & cependant le poëte est condamné à faire illusion également à tous! Le poëte se joue de la raison & de l'expérience de l'homme instruit, comme une gouvernante se joue de l'imbécillité d'un enfant. Un bon poëme est un conte digne d'être fait à des hommes sensés.

Le romancier a le tems & l'espace qui manquent au poëte dramatique : à mérite égal, j'estimerai donc moins un roman qu'une piece de théatre. D'ailleurs il n'y a point de difficulté que le premier ne puisse esquiver. Il dira : « La vapeur du sommeil » ne coule pas plus doucement dans les » yeux appesantis & dans les membres » fatigués d'un homme abattu, que les » paroles flateuses de la déesse; mais elle

» sentoit toujours je ne sçais quoi qui re-
» poussoit ses efforts & qui se jouoit de ses
» charmes... Mentor immobile dans ses
» sages conseils se laissoit presser; quel-
» quefois même il lui laissoit espérer qu'elle
» l'embarrasseroit par ses questions; mais
» au moment où elle croyoit satisfaire sa
» curiosité, ses espérances s'évanouis-
» soient. Ce qu'elle imaginoit tenir lui
» échapoit tout-à-coup, & une réponse
» courte la replongeoit dans les incerti-
» tudes... » Et voilà le romancier hors d'affaire. Mais quelque difficulté qu'il y eût
eu à faire cet entretien, il eût fallu ou que
le poëte dramatique renversât son plan,
ou qu'il la surmontât. Quelle différence
de peindre un effet, ou de le produire !

Les Anciens ont eu des tragédies où
tout étoit de l'invention du poëte. L'histoire n'offroit pas même les noms des personnages. Et qu'importe, si le poëte n'ex-
cède pas la vraie mesure du merveilleux ?

Ce qu'il y a d'historique dans un drame

est connu d'assez peu de personnes; si cependant le poëme est bien fait, il intéresse également tout le monde, plus peut-être le spectateur ignorant que le spectateur instruit. Tout est d'une égale vérité pour celui-là, au lieu que les épisodes ne sont que vraisemblables pour celui-ci. Ce sont des mensonges mêlés à des vérités avec tant d'art, qu'il n'éprouve aucune répugnance à les recevoir.

La tragédie domestique auroit la difficulté des deux genres; l'effet de la tragédie héroïque à produire, & tout le plan à former d'invention, ainsi que dans la comédie.

Je me suis demandé quelquefois si la tragédie domestique se pouvoit écrire en vers; & sans trop sçavoir pourquoi, je me suis répondu que non. Cependant la comédie ordinaire s'écrit en vers; la tragédie héroïque s'écrit en vers. Que ne peut-on pas écrire en vers! Ce genre exigeroit-il un style particulier dont je n'ai pas la notion? ou la vérité du sujet & la vio-

II. Partie.

lence de l'intérêt rejetteroient-elles un langage symmétrisé ? La condition des personnages seroit-elle trop voisine de la nôtre, pour admettre une harmonie régulière ?

Résumons. Si l'on mettoit en vers l'histoire de Charles XII, elle n'en seroit pas moins une histoire. Si l'on mettoit la Henriade en prose, elle n'en seroit pas moins un poëme. Mais l'historien a écrit ce qui est arrivé, purement & simplement ; ce qui ne fait pas toujours sortir les caracteres autant qu'ils pourroient, ce qui n'émeut ni n'intéresse pas autant qu'il est possible d'émouvoir & d'intéresser. Le poëte eût écrit tout ce qui lui auroit semblé devoir affecter le plus. Il eût imaginé des événemens. Il eût feint des discours. Il eût chargé l'histoire. Le point important pour lui eût été d'être merveilleux sans cesser d'être vraisemblable : ce qu'il eût obtenu, en se conformant à l'ordre de la nature, lorsqu'elle se plaît à combiner des incidens extraordinaires, & à sauver les incidens extraordinaires par des circonstances communes.

Voilà la fonction du poëte. Quelle différence entre le versificateur & lui! Cependant ne croyez pas que je méprise le premier: son talent est rare. Mais si vous faites du versificateur un Apollon, le poëte sera pour moi un Hercule. Or supposez une lyre à la main d'Hercule, & vous n'en ferez pas un Apollon. Appuyez un Apollon sur une massue; jettez sur ses épaules la peau du lion de Némée, & vous n'en ferez pas un Hercule.

D'où l'on voit qu'une tragédie en prose est tout autant un poëme qu'une tragédie en vers; qu'il en est de même de la comédie & du roman: mais que le but de la Poësie est plus général que celui de l'Histoire. On lit dans l'histoire ce qu'un homme du caractere de Henri IV. a fait & souffert. Mais combien de circonstances possibles où il eût agi & souffert d'une maniere conforme à son caractere, plus merveilleuse, que l'Histoire n'offre pas ; mais que la Poësie imagine.

L'imagination, voilà la qualité sans laquelle on n'est ni un poëte, ni un philosophe, ni un homme d'esprit, ni un être raisonnable, ni un homme.

« Qu'est-ce donc que l'imagination, » me direz-vous ? »

O mon ami, quel piége vous tendez à celui qui s'est proposé de vous entretenir de l'Art dramatique! S'il se met à philosopher, adieu son objet.

L'imagination est la faculté de se rappeller des images. Un homme entierement privé de cette faculté seroit un stupide dont toutes les fonctions intellectuelles se réduiroient à produire les sons qu'il auroit appris à combiner dans l'enfance, & à les appliquer machinalement aux circonstances de la vie.

C'est la triste condition du peuple, & quelquefois du philosophe. Lorsque la rapidité de la conversation entraîne celui-ci

& ne lui laisse pas le tems de descendre des mots aux images, que fait-il autre chose si ce n'est de se rappeller des sons & de les produire combinés dans un certain ordre ? O combien l'homme qui pense le plus est encore automate !

Mais quel est le moment où il cesse d'exercer sa mémoire, & où il commence à appliquer son imagination ? C'est celui où de questions en questions vous le forcez d'imaginer, c'est-à-dire de passer de sons abstraits & généraux à des sons moins abstraits & moins généraux, jusqu'à ce qu'il soit arrivé à quelque représentation sensible, le dernier terme & le repos de sa raison. Alors que devient-il ? Peintre ou poëte.

Demandez-lui, par exemple : qu'est-ce que la Justice ? & vous serez convaincu qu'il ne s'entendra lui-même, que quand la connoissance se portant de son ame vers les objets, par le même chemin qu'elle y est venue, il imaginera deux hommes conduits par la faim vers un arbre chargé de fruits; l'un monté sur l'arbre & cueillant, & l'autre s'emparant par la violence, du fruit que le premier a cueilli. Alors il vous fera remarquer les mouvemens qui se manifesteront en eux; les signes du ressentiment d'un côté, les symptômes de la crainte de l'autre; celui-là se tenant pour offensé, & l'autre se chargeant lui-même du titre odieux d'offenseur.

Si vous faites la même question à un autre, sa derniere réponse se résoudra en un autre tableau. Autant de têtes, autant de tableaux différens peut-être; mais tous représenteront deux hommes éprouvant dans un même instant des impressions contraires, produisant des mouvemens opposés, ou poussant des cris inarticulés & sauvages, qui rendus avec le tems dans la langue de l'homme policé, signifient & signifieront éternellement, Justice, Injustice.

C'est par un toucher qui se diversifie dans la nature animée en une infinité de manieres & de degrés, & qui s'appelle dans l'homme, voir, entendre, flairer, goûter, & sentir, qu'il reçoit des impressions qui se conservent dans ses organes, qu'il distingue ensuite par des mots, & qu'il se rappelle ou par ces mots mêmes, ou par des images.

Se rappeller une suite nécessaire d'images telles qu'elles se succedent dans la nature, c'est raisonner d'après les faits. Se rappeller une suite d'images comme elles se succéderoient nécessairement dans la nature, tel ou tel phénomène étant donné, c'est raisonner d'après une hypothèse, ou feindre; c'est être philosophe ou poëte, selon le but qu'on se propose.

Et le poëte qui feint, & le philosophe qui raisonne, sont également & dans le même sens conséquens ou inconséquens. Car être conséquent, ou avoir l'expérience de l'enchaînement nécessaire des phénomènes, c'est la même chose.

En voilà, ce me semble, assez pour montrer l'analogie de la vérité & de la fiction, caractériser le poëte & le philosophe, & relever le mérite du poëte, sur-tout épique ou dramatique. Il a reçû de la nature, dans un degré supérieur, la qualité qui distingue l'homme de génie de l'homme ordinaire, & celui-ci du stupide; l'imagination, sans laquelle le discours se réduit à l'habitude méchanique d'appliquer des sons combinés.

Mais le poëte ne peut s'abandonner à toute la fougue de son imagination; il est des bornes qui lui sont prescrites. Il a le modele de sa conduite dans les cas rares de l'ordre général des chóses. Voilà sa regle.

Plus ces cas seront rares & singuliers, plus il lui faudra d'art, de tems, d'espace, & de circonstances communes pour en compenser le merveilleux & fonder l'illusion.

Si le fait historique n'est pas assez merveilleux, il le fortifiera par des incidens extraordinaires : s'il l'est trop, il l'affoiblira par des incidens communs.

Ce n'est pas assez, ô poëte comique, d'avoir dit dans votre esquisse : Je veux que ce jeune homme ne soit que foiblement attaché à cette courtisanne ; qu'il la quitte ; qu'il se marie ; qu'il ne manque pas de gout pour sa femme ; que cette femme soit aimable, & que son époux se promette une vie supportable avec elle ; je veux encore qu'il couche à côté d'elle pendant deux mois sans en approcher, & cependant qu'elle se trouve grosse. Je veux une belle-mere qui soit folle de sa bru. J'ai besoin d'une courtisanne qui ait des sentimens. Je ne puis me passer d'un viol, & je veux qu'il se soit fait dans la rue par un jeune homme yvre. Fort bien ; courage. Entassez, entassez circonstances bisarres sur circonstances bisarres : j'y consens. Votre fable sera merveilleuse, sans contredit. Mais n'oubliez pas que vous aurez à racheter tout ce merveilleux par une multitude d'incidens communs qui le sauvent & qui m'en imposent.

L'Art Poétique seroit donc bien avancé, si le traité de la certitude historique étoit fait. Les mêmes principes s'appliqueroient au conte, au roman, à l'opéra, à la farce, à toutes les fortes de poëmes, fans en excepter la fable.

Si un peuple étoit perfuadé comme d'un point fondamental de fa croyance, que les animaux parloient autrefois; la fable auroit chez ce peuple un degré de vraiffemblance qu'elle ne peut avoir parmi nous.

Lorfque le poëte aura formé fon plan, en donnant à fon efquiffe l'étendue convenable, & que fon drame fera diftribué par actes & par fcènes, qu'il travaille; qu'il commence par la premiere fcène, & qu'il finiffe par la derniere. Il fe trompe, s'il croit pouvoir impunément s'abandonner à fon caprice, fauter d'un endroit à un autre, & fe porter par-tout où fon génie l'appellera. Il ne fçait pas la peine qu'il fe prépare, s'il veut que fon ouvrage foit un. Combien d'idées déplacées qu'il arrachera d'un endroit pour les inférer dans un autre. L'objet de fa fcène aura beau être déterminé, il le manquera.

Les fcènes ont une influence les unes fur les autres, qu'il ne fentira pas. Ici il

fera

sera diffus, là trop court ; tantôt froid, tantôt trop passionné. Le désordre de sa maniere de faire se répandra sur toute sa composition ; & quelque soin qu'il se donne, il en restera toujours des traces.

Avant que de passer d'une scène à celle qui suit, on ne peut trop se remplir de celles qui précédent.

« Voilà une maniere de travailler bien
» sévére. »

Il est vrai.

« Que fera le poëte, si au commence-
» ment de son poëme, c'est la fin qui l'ins-
» pire ? »

Qu'il se repose.

« Mais plein de ce morceau, il l'eût
» exécuté de génie. »

S'il a du génie, qu'il n'appréhende rien. Les idées qu'il craint de perdre reviendront. Elles reviendront fortifiées d'un cortége d'autres qui naitront de ce qu'il aura fait, & qui donneront à la scène plus de chaleur, plus de couleur, & plus de liaison avec le tout. Tout ce qu'il pourra dire, il le dira. Et croyez-vous qu'il en soit ainsi, s'il marche par bonds & par sauts ?

Ce n'est pas ainsi que j'ai crû devoir travailler, convaincu que ma maniere étoit la plus sûre & la plus aisée.

Le *Pere de famille* a cinquante-trois scènes. La premiere a été écrite la premiere, la derniere a été écrite la derniere ; & sans un enchaînement de circonstances singulieres qui m'ont rendu la vie pénible & le travail rebutant, cette occupation n'eût été pour moi qu'un amusement de quelques semaines. Mais comment se métamorphoser en différens caracteres, lorsque le chagrin nous attache à nous-mêmes ? Comment s'oublier, lorsque l'ennui nous rappelle à notre existence ? Comment échauffer, éclairer les autres, lorsque la lampe de l'enthousiasme est éteinte, & que la flamme du génie ne luit plus sur le front ?

Que d'efforts n'a-t-on pas fait pour m'étouffer en naissant ? Après la persécution du *Fils naturel*, croyez-vous, ô mon ami, que je dusse être tenté de m'occuper du *Pere de famille* ? Le voilà cependant. Vous avez exigé que j'achevasse cet ouvrage, & je n'ai pû vous refuser cette satisfaction. En revanche, permettez-moi de dire un mot de ce *Fils naturel* si méchamment persécuté.

Charles Goldoni a écrit en italien une comédie ou plûtôt une farce en trois actes, qu'il a intitulée, l'*Ami sincére*. C'est un tissu des caracteres de l'*Ami vrai* & de l'*Avare* de Moliere. La cassette & le vol y sont; & la moitié des scènes se passent dans la maison d'un pere avare.

Je laissai-là toute cette portion de l'intrigue; car je n'ai dans le *Fils naturel* ni avare, ni pere, ni vol, ni cassette.

Je crus que l'on pouvoit faire quelque chose de supportable de l'autre portion, & je m'en emparai comme d'un bien qui m'eût appartenu. Goldoni n'avoit pas été plus scrupuleux. Il s'étoit emparé de l'*Avare*, sans que personne se fût avisé de le trouver mauvais; & l'on n'avoit point imaginé parmi nous d'accuser Moliere ou Corneille de plagiat, pour avoir emprunté tacitement l'idée de quelque piece, ou d'un auteur italien, ou du théatre espagnol.

Quoi qu'il en soit ; de cette portion d'une farce en trois actes, j'en fis la comédie du *Fils naturel* en cinq ; & mon dessein n'étant pas de donner cet ouvrage au théatre, j'y joignis quelques idées que j'avois sur la Poëtique, la Musique, la Déclamation, & la Pantomime ; & je formai du tout une espece de Roman que j'intitulai le *Fils naturel*, ou *Les épreuves de la vertu*, avec l'histoire véritable de la piece.

Sans la supposition que l'avanture du *Fils naturel* étoit réelle, que devenoient l'illusion de ce roman & toutes les observations répandues dans les entretiens, sur la différence qu'il y a entre un fait vrai & un fait imaginé, des personnages réels & des personnages fictifs, des discours tenus & des discours supposés ; en un mot toute la Poétique où la vérité est mise sans cesse en parallele avec la fiction ?

Mais comparons un peu plus rigoureusement l'*Ami vrai* du poëte italien avec le *Fils naturel*.

Quelles sont les parties principales d'un drame? L'intrigue, les caracteres, & les détails.

La naissance illégitime de Dorval est la base du *Fils naturel*. Sans cette circonstance, la fuite de son pere aux Isles reste sans fondement. Dorval ne peut ignorer qu'il a une sœur & qu'il vit à côté d'elle. Il n'en deviendra pas amoureux. Il ne sera plus le rival de son ami. Il faut que Dorval soit riche ; & son pere n'aura plus aucune raison de l'enrichir. Que signifie la crainte qu'il a de s'ouvrir à Constance? La scène d'André n'a plus lieu. Plus de pere qui revienne des Isles, qui soit pris dans la traversée, & qui dénoue. Plus d'intrigue. Plus de piece.

Or y a-t-il dans l'*Ami sincére* aucune de ces choses sans lesquelles le *Fils naturel* ne peut subsister? Aucune. Voilà pour l'intrigue.

Venons aux caracteres. Y a-t-il un amant

violent tel que Clairville? Non. Y a-t-il une fille ingénue telle que Rosalie? Non. Y a-t-il une femme qui ait l'ame & l'élévation des sentimens de Constance? Non. Y a-t-il un homme du caractere sombre & farouche de Dorval? Non. Il n'y a donc dans l'*Ami vrai* aucun de mes caracteres ? Aucun, sans en excepter André. Passons aux détails.

Dois-je au poëte étranger une seule idée qu'on puisse citer? Pas une.

Qu'est-ce que sa piece? Une farce. Est-ce une farce que le *Fils-naturel*? Je ne le crois pas.

Je puis donc avancer :

Que celui qui dit que le genre dans lequel j'ai écrit le *Fils naturel* est le même que le genre dans lequel Goldoni a écrit l'*Ami vrai*, dit un mensonge.

Que celui qui dit que mes caracteres & ceux de Goldoni ont la moindre ressemblance, dit un mensonge.

Que celui qui dit qu'il y a dans les détails un mot important qu'on ait transporté de l'*Ami vrai* dans le *Fils naturel*, dit un mensonge.

Que celui qui dit que la conduite du *Fils naturel* ne différe point de celle de l'*Ami vrai*, dit un mensonge.

Cet auteur a écrit une soixantaine de Pieces. Si quelqu'un se sent porté à ce genre de travail, je l'invite à choisir parmi celles qui restent, & à en composer un ouvrage qui puisse nous plaire.

Je voudrois bien qu'on eût une douzaine de pareils larcins à me reprocher; & je ne sçais si le *Pere de Famille* aura gagné quelque chose à m'appartenir en entier.

Au reste, puisqu'on n'a pas dédaigné de m'adresser les mêmes reproches que certaines gens faisoient autrefois à Térence, je renverrai mes censeurs aux prologues de ce poëte. Qu'ils les lisent, pendant que je m'occuperai dans mes heures de délassement à écrire quelque piece nouvelle. Comme mes vûes sont droites & pures, je me consolerai facilement de leur méchanceté, si je puis réussir encore à attendrir les honnêtes gens.

La nature m'a donné le goût de la simplicité, & je tâche de le perfectionner par la lecture des Anciens. Voilà mon secret. Celui qui liroit Homere avec un peu de génie, y découvriroit bien plus sûrement la source où je puise.

O mon ami, que la simplicité est belle ! Que nous avons mal fait de nous en éloigner !

Voulez-vous entendre ce que la douleur inspire à un pere qui vient de perdre son fils ? Ecoutez Priam.

Eloignez-vous, mes amis; laissez-moi seul; votre consolation m'importune... J'irai sur les vaisseaux des Grecs: oui, j'irai. Je verrai cet homme terrible ; je le supplierai. Peut-être il aura pitié de mes ans ; il respectera ma vieillesse... Il a un pere âgé comme moi... Hélas, ce pere l'a mis au monde pour la honte & le désastre de cette ville ! .. Quels maux ne nous a-t-il pas faits à tous ? Mais à qui en a-t-il fait autant qu'à moi ? Com-

bien ne m'a-t-il pas ravi d'enfans, & dans la fleur de leur jeunesse!.. Tous m'étoient chers... Je les ai tous pleurés. Mais c'est la perte de ce dernier qui m'est sur-tout cruelle; j'en porterai la douleur jusqu'aux enfers... Eh! pourquoi n'est-il pas mort entre mes bras?.. Nous nous ferions rassasiés de pleurs sur lui, moi & la mere malheureuse qui lui donna la vie.

Voulez-vous sçavoir quels sont les vrais discours d'un pere suppliant aux genoux du meurtrier de son fils ? Ecoutez le même Priam aux genoux d'Achille.

Achille, ressouvenez-vous de votre pere; il est du même âge que moi, & nous gémissons tous les deux sous le poids des années... Hélas! peut-être est-il pressé par des voisins ennemis, sans avoir à côté de lui personne qui puisse éloigner le péril qui le menace... Mais s'il a entendu dire que vous vivez; son cœur s'ouvre à l'espérance & à la joie, & il passe les jours dans l'attente du moment où il reverra son fils... Quelle différence de son sort au mien!.. J'avois des enfans, & je suis comme si je les avois tous perdus... De cinquante que je comptois autour de moi, lorsque les Grecs sont arrivés, il ne m'en restoit qu'un qui pût nous défendre, & il vient de périr par vos mains, sous les murs de cette ville... Rendez-moi son corps ; recevez mes présens ; respectez les Dieux ; rappellez-vous votre pere, & ayez pitié de moi... Voyez où j'en suis réduit... Fut-il un Monarque plus humilié ? Un homme plus à plaindre ? Je suis à vos pieds, & je baise vos mains teintes du sang de mon fils.

Ainsi parla Priam : & le fils de Pélée sentit au souvenir de son pere, la pitié s'émouvoir au fond de son cœur. Il releva le vieillard ; & le repoussant doucement, il l'écarta de lui.

Qu'est-ce qu'il y a là-dedans ? Point d'esprit, mais des choses d'une vérité si grande, qu'on se persuaderoit presque qu'on les auroit trouvées comme Homere. Pour nous, qui connoissons un peu la difficulté & le mérite d'être simple, lisons ces morceaux ; lisons-les bien, & puis prenons tous nos papiers & les jettons au feu. Le génie se sent, mais il ne s'imite point.

Dans les pieces compliquées, l'intérêt est plus l'effet du plan que des discours ; c'est au contraire plus l'effet des discours que du plan, dans les pieces simples. Mais à qui doit-on rapporter l'intérêt ? Est-ce aux personnages ? Est-ce aux spectateurs ?

Les spectateurs ne sont que des témoins ignorés de la chose.

« Ce sont donc les personnages qu'il faut » avoir en vûe ».

Je le crois. Qu'ils forment le nœud sans s'en appercevoir ; que tout soit impénétrable pour eux ; qu'ils s'avancent au dénouement sans s'en douter. S'ils sont dans l'agitation, il faudra bien que je suive & que j'éprouve les mêmes mouvemens.

Je suis si loin de penser avec la plûpart de ceux qui ont écrit de l'Art dramatique, qu'il faille dérober au spectateur le dénouement, que je ne croirois pas me proposer une tâche fort au-dessus de mes forces, si j'entreprenois un drame où le dénouement feroit annoncé dès la premiere fcène, & où je ferois fortir l'intérêt le plus violent de cette circonftance même.

Tout doit être clair pour le fpectateur. Confident de chaque perfonnage, inftruit de ce qui s'eft paffé & de ce qui fe paffe; il y a cent momens où l'on n'a rien de mieux à faire que de lui déclarer nettement ce qui fe paffera.

O faifeurs de regles générales, que vous ne connoiffez guere l'art, & que vous avez peu de ce génie qui a produit les modeles fur lefquels vous avez établi ces regles qu'il eft le maître d'enfreindre quand il lui plaît !

On trouvera dans mes idées tant de paradoxes qu'on voudra; mais je perfifterai à croire que pour une occafion où il eft à-propos de cacher au fpectateur un incident important, avant qu'il ait lieu ; il y en a plufieurs où l'intérêt demande le contraire.

Le poëte me ménage par le fecret un inftant de furprife ; il m'eût expofé par la confidence à une longue inquiétude.

Je ne plaindrai qu'un inſtant celui qui ſera frappé & accablé dans un inſtant. Mais que deviens-je, ſi le coup ſe fait attendre, ſi je vois l'orage ſe former ſur ma tête ou ſur celle d'un autre, & y demeurer long-tems ſuſpendu?

Luſignan ignore qu'il va retrouver ſes enfans; le ſpectateur l'ignore auſſi. Zaïre & Néreſtan ignorent qu'ils ſont frere & & ſœur; le ſpectateur l'ignore auſſi. Mais quelque pathétique que ſoit cette reconnoiſſance, je ſuis ſûr que l'effet en eût été beaucoup plus grand encore, ſi le ſpectateur eût été prévenu. Que ne me ſerois-je pas dit à moi-même à l'approche de ces quatre perſonnages? Avec quelle attention & quel trouble n'aurois-je pas écouté chaque mot qui ſeroit ſorti de leur bouche? A quelle gêne le poëte ne m'auroit-il pas mis? Mes larmes ne coulent qu'au moment de la reconnoiſſance; elles auroient coulé long-tems auparavant.

Quelle différence d'intérêt entre cette ſituation où je ne ſuis pas du ſecret, & celle où je fçais tout, & où je vois Orofmane un poignard à la main attendre Zaïre, & cette infortunée s'avancer vers le coup? Quels mouvemens le fpectateur n'eût-il pas éprouvé, s'il eût été libre au poëte de tirer de cet inftant tout l'effet qu'il pouvoit produire; & fi notre fcène qui s'oppofe aux plus grands effets, lui eût permis de faire entendre dans les ténébres la voix de Zaïre, & de me la montrer de plus loin?

Dans Iphigénie en Tauride, le fpectateur connoît l'état des perfonnages; fupprimez cette circonftance, & voyez fi vous ajouterez ou fi vous ôterez à l'intérêt.

Si j'ignore que Néron écoute l'entretien de Britannicus & de Junie, je n'éprouve plus la terreur.

Lorfque Lufignan & fes enfans fe font reconnus, en deviennent-ils moins intéreffans? Nullement. Qu'eft-ce qui foutient & fortifie l'intérêt? C'eft ce que le Sultan ne fçait pas, & ce dont le fpectateur eft inftruit.

Que tous les perfonnages s'ignorent, fi

vous le voulez ; mais que le spectateur les connoisse tous.

J'oserois presque assurer qu'un sujet où les réticences sont nécessaires, est un sujet ingrat, & qu'un plan où l'on y a recours, est moins bon que si l'on eût pû s'en passer. On n'en tirera rien de bien énergique. On s'assujetira à des préparations toujours trop obscures ou trop claires. Le poëme deviendra un tissu de petites finesses, à l'aide desquelles on ne produira que de petites surprises. Mais tout ce qui concerne les personnages est-il connu ? J'entrevois dans cette supposition la source des mouvemens les plus violens. Le poëte grec qui différa jusqu'à la derniere scène la reconnoissance d'Oreste & d'Iphigénie, fut un homme de génie. Oreste est appuyé sur l'autel. Sa sœur a le couteau sacré levé sur son sein. Oreste prêt à périr s'écrie : N'étoit-ce pas assez que la sœur fût immolée ? Falloit-il que le frere le fût aussi ? Voilà le moment que le poëte m'a fait attendre pendant cinq actes.

« Dans quelque drame que ce soit, le

» nœud est connu ; il se forme en présence » du spectateur. Souvent le titre seul d'une » tragédie en annonce le dénouement. » C'est un fait donné par l'Histoire. C'est la » mort de César ; c'est le sacrifice d'Iphi- » génie. Mais il n'en est pas ainsi dans la » Comédie. »

Pourquoi donc ? Le poëte n'est-il pas le maître de me révéler de son sujet ce qu'il juge à-propos ? Pour moi, je me serois beaucoup applaudi, si dans le *Pere de famille* (qui n'eût plus été le *Pere de famille*, mais une piece d'un autre nom), j'avois pû ramasser toute la persécution du Commandeur sur Sophie. L'intérêt ne se feroit-il pas accru, par la connoissance que cette jeune fille dont il parloit si mal, qu'il poursuivoit si vivement, qu'il vouloit faire enfermer, étoit sa propre niece ? Avec quelle impatience n'auroit-on pas attendu l'instant de la reconnoissance, qui ne produit dans ma piece qu'une surprise passagere ? C'eût été celui du triomphe d'une infortunée, à laquelle on eût pris le plus grand

grand intérêt, & de la confusion d'un homme dur qu'on n'aimoit pas.

Pourquoi l'arrivée de Pamphile n'est-elle dans l'Heycire qu'un incident ordinaire ? C'est que le spectateur ignore que sa femme est grosse, qu'elle ne l'est pas de lui, & que le moment de son retour est précisément celui des couches de sa femme.

Pourquoi certains monologues ont-ils de si grands effets ? C'est qu'ils m'instruisent des desseins secrets d'un personnage, & que cette confidence me saisit à l'instant de crainte ou d'espérance.

Si l'état des personnages est inconnu, le spectateur ne pourra prendre à l'action plus d'intérêt que les personnages. Mais l'intérêt doublera pour le spectateur, s'il est assez instruit, & qu'il sente que les actions & les discours seroient bien différens, si les personnages se connoissoient. C'est ainsi que vous produirez en moi une attente violente de ce qu'ils deviendront, lorsqu'ils pourront comparer ce qu'ils font avec ce qu'ils ont fait ou voulu faire.

Que le spectateur soit instruit de tout, & que les personnages s'ignorent, s'il se peut; que satisfait de ce qui est présent, je souhaite vivement ce qui va suivre; qu'un personnage m'en fasse désirer un autre; qu'un incident me hâte vers l'incident qui lui est lié; que les scènes soient rapides; qu'elles ne contiennent que des choses essentielles à l'action, & je serai intéressé.

Au reste, plus je refléchis sur l'Art dramatique, plus j'entre en humeur contre ceux qui en ont écrit. C'est un tissu de loix particulieres dont on a fait des préceptes généraux. On a vû certains incidens produire de grands effets, & aussi-tôt on a imposé au poëte la nécessité des mêmes moyens pour obtenir les mêmes effets; tandis qu'en y regardant de plus près, ils auroient apperçu de plus grands effets encore à produire par des moyens tout contraires. C'est ainsi que l'Art s'est surchargé de regles, & que les auteurs, en s'y assujettissant servilement, se sont quelquefois donné beaucoup de peine pour faire moins bien.

Si l'on avoit conçû que, quoiqu'un ouvrage dramatique ait été fait pour être représenté, il falloit cependant que l'auteur & l'acteur oubliassent le spectateur & que tout l'intérêt fût relatif aux personnages, on ne liroit pas si souvent dans les poëtiques : si vous faites ceci, ou cela, vous affecterez ainsi ou autrement votre spectateur. On y liroit au contraire : si vous faites ceci ou cela, voici ce qui en résultera parmi vos personnages.

Ceux qui ont écrit de l'Art dramatique ressemblent à un homme qui s'occupant des moyens de remplir de trouble toute une famille, au lieu de peser ces moyens par raport au trouble de la famille, les peseroit relativement à ce qu'en diront les voisins. Eh laissez-là les voisins ; tourmentez vos personnages ; & soyez sûr que ceux-ci n'éprouveront aucune peine que les autres ne partagent.

D'autres modeles ; l'on eût prescrit d'autres loix, & peut-être on eût dit : que votre dénouement soit connu, qu'il le soit de bonne-heure , & que le spectateur soit perpétuellement suspendu dans l'attente du coup de lumiere qui va éclairer tous les personnages sur leurs actions & sur leur état.

Est-il important de rassembler l'intérêt d'un drame vers sa fin ? Ce moyen m'y paroît aussi propre que le moyen contraire. L'ignorance & la perplexité excitent la curiosité du spectateur & la soutiennent ; mais ce sont les choses connues & toujours attendues qui le troublent & qui l'agitent. Cette ressource est sûre pour tenir la catastrophe toujours présente.

Si au lieu de se renfermer entre les personnages & de laisser le spectateur devenir ce qu'il voudra, le poëte sort de l'action & descend dans le parterre, il gênera son plan, il imitera les Peintres qui au lieu de s'attacher à la représentation rigoureuse de la nature, la perdent de vûe pour s'occuper des ressources de l'art, & songent, non pas à me la montrer comme elle est & comme ils la voyent, mais à en disposer relativement à des moyens techniques & communs.

Tous les points d'un espace ne sont-ils pas diversement éclairés ? ne se séparent-ils pas? ne fuient-ils pas dans une plaine aride & déserte, comme dans le paysage le plus varié ? Si vous suivez la routine du peintre, il en sera de votre drame ainsi que de son tableau. Il a quelques beaux endroits; vous aurez quelques beaux instans. Mais il ne s'agit pas de cela; il faut que le tableau soit beau dans toute son étendue, & votre drame dans toute sa durée.

Et l'acteur, que deviendra-t-il, si vous vous êtes occupé du spectateur? Croyez-vous qu'il ne sentira pas que ce que vous avez placé dans cet endroit & dans celui-ci, n'a pas été imaginé pour lui. Vous avez pensé au spectateur ; il s'y adressera. Vous avez voulu qu'on vous applaudît ; il voudra qu'on l'applaudisse ; & je ne sçais plus ce que l'illusion deviendra.

J'ai remarqué que l'acteur jouoit mal tout ce que le poëte avoit composé pour le spectateur ; & que si le parterre eût fait son rôle, il eût dit au personnage : « A qui » en voulez-vous ? Je n'en suis pas. Est-ce » que je me mêle de vos affaires ? Ren- » trez chez vous. » Et que si l'auteur eût fait le sien, il seroit sorti de la coulisse & eût répondu au parterre : « Pardon, Mes- » sieurs, c'est ma faute : une autre fois je » ferai mieux & lui aussi. »

Soit donc que vous composiez, soit que vous joüiez, ne pensez non plus au spectateur que s'il n'existoit pas. Imaginez sur le bord du théatre un grand mur qui vous sépare du parterre. Jouez comme si la toile ne se levoit pas.

« Mais l'Avare qui a perdu sa cassette » dit cependant au spectateur : Messieurs, » mon voleur n'est-il point parmi vous ?

Eh laissez-là cet auteur. L'écart d'un homme de génie ne prouve rien contre le sens commun. Dites-moi seulement s'il est possible que vous vous adressiez un instant au spectateur sans arrêter l'action; & si le moindre défaut des détails où vous l'aurez considéré, n'est pas de disperser autant de petits repos sur toute la durée de votre drame & de le rallentir?

Qu'un auteur intelligent fasse entrer dans son ouvrage des traits que le spectateur s'applique, j'y consens; qu'il y rappelle des ridicules en vogue, des vices dominans, des événemens publics; qu'il instruise & qu'il plaise, mais que ce soit sans y penser. Si l'on remarque son but, il le manque; il cesse de dialoguer, il prêche.

La premiere partie d'un plan, disent nos critiques, c'est l'exposition.

Une exposition dans la tragédie où le fait est connu, s'exécute en un mot. Si ma fille met le pied dans l'Aulide, elle est morte. Dans la comédie, si j'osois, je dirois que c'est l'affiche. Dans le *Tartuffe*, où est l'expofition? J'aimerois autant qu'on demandât au poëte d'arranger fes premieres fcènes, de maniere qu'elles continffent l'efquiffe même de fon drame.

Tout ce que je conçois, c'eft qu'il y a un moment où l'action dramatique doit commencer; & que fi le poëte a mal choifi ce moment, il fera trop éloigné ou trop voifin de la cataftrophe. Trop voifin de la cataftrophe, il manquera de matiere, & peut-être fera-t-il forcé d'étendre fon fujet par une intrigue épifodique. Trop éloigné, fon mouvement fera lâche, fes actes longs & chargés d'événemens ou de détails qui n'intéresseront pas.

La clarté veut qu'on dife tout. Le genre veut qu'on foit rapide. Mais comment tout dire & marcher rapidement?

L'incident qu'on aura choifi comme le premier, fera le fujet de la premiere fcène. Il amenera la feconde; la feconde amenera la troifieme, & l'acte fe remplira. Le point important, c'eft que l'action croiffe en viteffe, & foit claire : c'eft ici le cas de penfer au spectateur. D'où l'on voit que l'exposition se fait à mesure que le drame s'accomplit, & que le spectateur ne sçait tout & n'a tout vû que quand la toile tombe.

Plus le premier incident laissera de choses en-arriere, plus on aura de détails pour les actes suivans. Plus le poëte sera rapide & plein, plus il faudra qu'il soit attentif. Il ne peut se supposer à la place du spectateur que jusqu'à un certain point. Son intrigue lui est si familiere, qu'il lui sera facile de se croire clair quand il sera obscur. C'est à son censeur à l'instruire; car quelque génie qu'ait un poëte, il lui faut un censeur. Heureux, mon ami, s'il en rencontre un qui soit vrai & qui ait plus de génie que lui. C'est de lui qu'il apprendra que l'oubli le plus leger suffit pour détruire toute illusion; qu'une petite circonstance omise ou mal présentée décele le mensonge; qu'un drame est fait pour le peuple, & qu'il ne faut supposer au peuple ni trop d'imbécillité, ni trop de finesse.

Expliquer tout ce qui le demande, mais rien au-delà.

Il y a des choses minutieuses que le spectateur ne se soucie pas d'apprendre, & dont il se rendra raison à lui-même. Un incident n'a-t-il qu'une cause, & cette cause ne se présente-t-elle pas tout-à-coup à l'esprit ? C'est une énigme qu'on laisseroit à deviner. Un incident a-t-il pu naître d'une maniere simple & naturelle ? L'expliquer, c'est s'appesantir sur un détail qui n'excite point ma curiosité.

Rien n'est beau, s'il n'est un ; & c'est le premier incident qui décidera de la couleur de l'ouvrage entier.

Si l'on débute par une situation forte, tout le reste sera de la même vigueur, ou languira. Combien de pieces que le début a tuées ! Le poëte a craint de commencer froidement ; & ses situations ont été si fortes, qu'il n'a pu soûtenir les premieres impressions qu'il m'a faites.

Si le plan de l'ouvrage est bien fait ; si

le poëte a bien choifi fon premier moment; s'il eft entré par le centre de l'action; s'il a bien deffiné fes caracteres, comment n'auroit-il pas du fuccès ? Mais c'eft aux fituations à décider des caracteres.

Le plan d'un drame peut être fait & bien fait, fans que le poëte fçache rien encore du caractere qu'il attachera à fes perfonnages. Des hommes de différens caracteres font tous les jours expofés à un même événement. Celui qui facrifie fa fille peut être ambitieux, foible, ou féroce. Celui qui a perdu fon argent, riche ou pauvre. Celui qui craint pour fa maîtreffe, bourgeois ou héros, tendre ou jaloux, prince ou valet.

Les caracteres feront bien pris, fi les fituations en deviennent plus embarraffantes & plus fâcheufes. Songez que les vingt-quatre heures que vos perfonnages vont paffer font les plus agitées & les plus cruelles de leur vie. Tenez-les donc dans la plus grande gêne poffible. Que vos fituations foient fortes; oppofez-les aux caracteres; oppofez encore les intérêts aux intérêts. Que l'un ne puiffe tendre à fon but, fans croifer les deffeins d'un autre, & que tous occupés d'un même événement, chacun le veuille à fa maniere.

Le véritable contrafte, c'eft celui des caracteres avec les fituations; c'eft celui des intérêts avec les intérêts. Si vous rendez Alcefte amoureux, que ce foit d'une coquette; Harpagon d'une fille pauvre.

« Mais pourquoi ne pas ajoûter à ces » deux fortes de contraftes, celui des ca- » racteres entre eux ? Cette reffource eft fi » commode au poëte.

Ajoûtez, & fi commune, que celle de placer fur le devant d'un tableau des objets qui fervent de repouffoir, n'eft pas plus familiere au peintre.

Je veux que les caracteres foient différens; mais je vous avoue que le contrafte m'en déplaît. Ecoutez mes raifons; & jugez.

Je remarque d'abord que le contrafte eft mauvais dans le ftyle. Voulez-vous que des idées grandes, nobles & simples se réduisent à rien, faites-les contraster entr'elles ou dans l'expression.

Voulez-vous qu'une piece de musique soit sans expression & sans génie, jettez-y du contraste, & vous n'aurez qu'une suite alternative de doux & de fort, de grave & d'aigu.

Voulez-vous qu'un tableau soit d'une composition desagréable & forcée, méprisez la sagesse de Raphael, strapassez, faites contraster vos figures.

L'architecture aime la grandeur & la simplicité. Je ne dirai pas qu'elle rejette le contraste. Elle ne l'admet point.

Dites-moi comment il se fait que le contraste soit une si pauvre chose dans tous les genres d'imitation, excepté dans le dramatique?

Mais un moyen sûr de gâter un drame & de le rendre insoûtenable à tout homme de goût, ce seroit d'y multiplier les contrastes.

Je ne sçais quel jugement on portera

du Pere de famille ; mais s'il n'eſt que mauvais, je l'aurois rendu déteſtable, en mettant le Commandeur en contraſte avec le Pere de famille, Germeuil avec Cécile, Saint-Albin avec Sophie, & la Femme-de-chambre avec un des valets. Voyez ce qui réſulteroit de ces antithèſes. Je dis antithèſes, car le contraſte des caraƈteres eſt dans le plan d'un drame, ce que cette figure eſt dans le diſcours. Elle eſt heureuſe ; mais il en faut uſer avec ſobriété ; & celui qui a le ton élevé, s'en paſſe toujours.

Une des parties les plus importantes dans l'Art dramatique, & une des plus difficiles, n'eſt-ce pas de cacher l'art ? Or qu'eſt-ce qui en montre plus que le contraſte ? Ne paroît-il pas fait à la main ? N'eſt-ce pas un moyen uſé ? Quelle eſt la piece comique où il n'ait pas été mis en œuvre ? Et quand on voit arriver ſur la ſcène un perſonnage impatient ou bourru, où eſt le jeune homme échappé du collége & caché dans un coin du parterre qui ne ſe diſe à lui-même : le perſonnage tranquille & doux n'eſt pas loin.

Mais n'est-ce pas assez du vernis romanesque malheureusement attaché au genre dramatique par la nécessité de n'imiter l'ordre général des choses que dans les cas où il s'est plû à combiner des incidens extraordinaires, sans ajoûter encore à ce vernis si opposé à l'illusion, un choix de caracteres qui ne se trouvent presque jamais rassemblés ? Quel est l'état commun des sociétés ? Est-ce celui où les caracteres sont différens, ou celui où ils sont contrastés ? Pour une circonstance de la vie où le contraste des caracteres se montre aussi tranché qu'on le demande au poëte, il y en a cent mille où ils ne sont que différens.

Le contraste des caracteres avec les situations & des intérêts entr'eux, est au contraire de tous les instans.

Pourquoi a-t-on imaginé de faire contraster un caractere avec un autre ? C'est sans doute afin de rendre l'un des deux plus sortant. Mais on n'obtiendra cet effet qu'autant que ces caracteres paroîtront ensemble. De-là, quelle monotonie pour le dialogue ? Quelle gêne pour la conduite ? Comment réuffirai-je à enchaîner naturellement les événemens & à établir entre les fcènes la fucceffion convenable, fi je fuis occupé de la néceffité de rapprocher tel perfonnage de tel autre ? Combien de fois n'arrivera-t-il pas que le contrafte demande une fcène, & que la vérité de la fable en demande une autre ?

D'ailleurs fi les deux perfonnages contraftans étoient deffinés avec la même force, ils rendroient le fujet du Drame équivoque.

Je fuppofe que le *Mifantrope* n'eût point été affiché, & qu'on l'eût joué fans annonce ; que feroit-il arrivé fi Philinte eût eu fon caractere, comme Alcefte a le fien ? Le fpectateur n'auroit-il pas été dans le cas de demander, du-moins à la premiere fcène où rien ne diftingue encore le perfonnage principal, lequel des deux on jouoit du Philantrope ou du Mifantrope ? Et comment évite-t-on cet inconvénient ? On facrifie l'un des deux caracteres. On

met

met dans la bouche du premier tout ce qui eſt pour lui, & l'on fait du ſecond un ſot ou un mal-adroit. Mais le ſpectateur ne ſent-il pas ce défaut, ſur-tout lorſque le caractere vicieux eſt le principal, comme dans l'exemple que je viens de citer?

« La premiere ſcène du *Miſantrope* eſt cependant un chef-d'œuvre. »

Oui: mais qu'un homme de génie s'en empare, qu'il donne à Philinte autant de ſang froid, de fermeté, d'éloquence, d'honnêteté, d'amour pour les hommes, d'indulgence pour leurs défauts, de compaſſion pour leur foibleſſe, qu'un ami véritable du genre humain en doit avoir, & tout-à-coup, ſans toucher au diſcours d'Alceſte, vous verrez le ſujet de la piece devenir incertain. Pourquoi donc ne l'eſt-il pas? Eſt-ce qu'Alceſte a raiſon? Eſt-ce que Philinte a tort? Non; c'eſt que l'un plaide bien ſa cauſe, & que l'autre défend mal la ſienne.

Voulez-vous, mon ami, vous convaincre de toute la force de cette obſervation ? Ouvrez les Adelphes de Térence ; vous y verrez deux peres contraftés, & tous les deux avec la même force ; & défiez le Critique le plus délié de vous dire de Micion ou de Déméa, qui eft le perfonnage principal ? S'il ofe prononcer avant la derniere fcène, il trouvera à fon étonnement que celui qu'il a pris pendant cinq actes pour un homme fenfé, n'eft qu'un fou, & que celui qu'il a pris pour un fou, pourroit bien être l'homme fenfé.

On diroit au commencement du cinquieme acte de ce drame, que l'auteur embarraffé du contrafte qu'il avoit établi, a été contraint d'abandonner fon but & de renverfer l'intérêt de fa piece. Mais qu'eft-il arrivé ? C'eft qu'on ne fçait plus à qui s'intéreffer ; & qu'après avoir été pour Micion contre Déméa, on finit fans fçavoir pour qui l'on eft. On défireroit prefque un troifieme pere qui tînt le milieu entre ces deux perfonnages & qui en fît connoître le vice.

Si l'on croit qu'un drame fans perfonnages contraſtés en ſera plus facile, on ſe trompe. Lorſque le poëte ne pourra faire valoir ſes rôles que par leurs différences, avec quelle vigueur ne faudra-t-il pas qu'il les deſſine & les colorie ? S'il ne veut pas être auſſi froid qu'un peintre qui placeroit des objets blancs ſur un fond blanc, il aura ſans ceſſe les yeux ſur la diverſité des états, des âges, des ſituations & des intérêts ; & loin d'être jamais dans le cas d'affoiblir un caractere pour donner de la force à un autre, ſon travail ſera de les fortifier tous.

Plus un genre ſera ſérieux, moins il me ſemblera admettre le contraſte. Il eſt rare dans la tragédie. Si on l'y introduit, ce n'eſt qu'entre les ſubalternes. Le héros eſt ſeul. Il n'y a point de contraſte dans *Britannicus* ; point dans *Andromaque* ; point dans *Cinna* ; point dans *Iphigénie* ; point dans *Zaïre* ; point dans le *Tartuffe*.

Le contraſte n'eſt pas néceſſaire dans les comédies de caractere. Il eſt au-moins ſuperflu dans les autres.

Il y a une tragédie de Corneille, c'eſt,

je crois, *Nicomede*, où la générosité est la qualité dominante de tous les personnages : quel mérite ne lui a-t-on pas fait de cette fécondité, & avec combien juste raison ?

Térence contraste peu. Plaute contraste moins encore. Moliere plus souvent. Mais si le contraste fut quelquefois pour Moliere le moyen d'un homme de génie, est-ce une raison pour le prescrire aux autres poëtes ? N'en seroit-ce pas une au contraire pour le leur interdire ?

Mais que devient le dialogue entre des personnages contrastans ? Un tissu de petites idées, d'antithèses ; car il faudra bien que les propos ayent entr'eux la même opposition que les caracteres. Or c'est à vous, mon ami, que j'en appelle & à tout homme de goût. L'entretien simple & naturel de deux hommes qui auront des intérêts, des passions & des âges différens ne vous plaira-t-il pas davantage ?

Je ne puis supporter le contraste dans l'Epique, à-moins qu'il ne soit de sentimens ou d'images. Il me déplaît dans la tragédie. Il est superflu dans le comique sérieux. On peut s'en passer dans la comédie gaie. Je l'abandonnerai donc au farceur. Pour celui-ci, qu'il le multiplie & le force dans sa composition tant qu'il lui plaira : il n'a rien qui vaille, à gâter.

Quant à ce contraste de sentimens ou d'images que j'aime dans l'Epique, dans l'ode & quelques genres de poësie élevée, si l'on me demande ce que c'est, je répondrai : c'est un des caracteres les plus marqués du génie ; c'est l'art de porter dans l'ame des sensations extrèmes & opposées, de la secouer, pour ainsi dire, en sens contraires, & d'y exciter un tressaillement mêlé de peine & de plaisir, d'amertume & de douceur, de douceur & d'effroi.

Tel est l'effet de cet endroit de l'Iliade, où le poëte me montre Jupiter assis sur l'Ida ; au pied du mont les Troyens & les Grecs s'entregorgeant dans la nuit qu'il a répandue sur eux, & cependant les regards du dieu, inattentifs & sereins, tournés sur les campagnes innocentes des Ethiopiens qui vivent de lait. C'eſt ainſi qu'il m'offre à-la-fois le ſpectacle de la miſere & du bonheur, de la paix & du trouble, de l'innocence & du crime, de la fatalité de l'homme & de la grandeur des dieux. Je ne vois au pied de l'Ida qu'un amas de fourmis.

Le même poëte propoſe-t-il un prix à des combattans ? Il met devant eux des armes, un taureau qui menace de la corne, de belles femmes & du fer.

Lucrece a bien connu ce que pouvoit l'oppoſition du terrible & du voluptueux, lorſqu'ayant à peindre le tranſport effréné de l'amour, quand il s'eſt emparé des ſens, il me réveille l'idée d'un lion qui, les flancs traverſés d'un trait mortel, s'élance avec fureur ſur le chaſſeur qui l'a bleſſé, le renverſe, cherche à expirer ſur lui, & le laiſſe tout couvert de ſon propre ſang.

L'image de la mort eſt à côté de celle du plaiſir, dans les odes les plus piquantes d'Horace, & dans les chanſons les plus belles d'Anacréon.

Et Catulle, ignoroit-il la magie de ce contraste, lorsqu'il a dit:

Vivamus, mea Lesbia, atque amemus.
Rumoresque senum severiorum
Omnes unius æstimemus assis.
Soles occidere & redire possunt;
Nobis cùm semel occidet brevis lux,
Nox est perpetua una dormienda.
Da mî basia mille.

Et l'auteur de l'*Histoire naturelle*, lorsqu'après la peinture d'un jeune animal, tranquille habitant des forêts, qu'un bruit subit & nouveau a rempli d'effroi, opposant le délicat & le sublime, il ajoute: *mais si le bruit est sans effet, s'il cesse, l'animal reconnoît le silence ordinaire de la nature; il se calme, il s'arrête, & regagne à pas égaux sa paisible retraite.*

Et l'auteur de l'*Esprit*, lorsque confondant des idées sensuelles à des idées féroces, il s'écrie par la bouche d'un fanatique expirant: *Je meurs ; mais j'éprouve une douceur incroyable à mourir ! J'entends la voix d'Odin qui m'appelle. Déjà les portes de son palais sont ouvertes. J'en vois sortir des filles à demi-nues. Elles sont ceintes d'une écharpe d'azur qui relève la blancheur de leur sein. Elles s'avancent vers moi & m'offrent une bierre délicieuse dans le crane sanglant de mes ennemis.*

Il y a un paysage du Poussin où l'on voit de jeunes bergeres qui dansent au son du chalumeau; & à l'écart un tombeau avec cette inscription: *Je vivois aussi dans la délicieuse Arcadie.* Le prestige de style dont il s'agit, tient quelquefois à un mot qui détourne ma vûe du sujet principal, & qui me montre de côté, comme dans le paysage du Poussin, l'espace, le tems, la vie, la mort, ou quelqu'autre idée grande & mélancolique, jettée tout au-travers des images de la gaieté.

Voilà les seuls contrastes qui me plaisent. Au reste il y en a de trois sortes entre les caracteres. Un contraste de vertu, & un contraste de vice. Si un personnage est avare, un autre peut contraster avec lui ou par l'économie, ou par la prodigalité; & le contraste de vice ou de vertu peut être réel ou feint. Je ne connois aucun exemple de ce dernier : il est vrai que je connois peu le théatre. Il me semble que dans la comédie gaie, il feroit un effet assez agréable; mais une fois seulement. Ce caractere sera usé dès la premiere piece. J'aimerois bien à voir un homme qui ne fût pas, mais qui affectât d'être d'un caractere opposé à un autre. Ce caractere seroit original; pour neuf, je n'en sçais rien.

Concluons qu'il n'y a qu'une raison pour contraster les caracteres, & qu'il y en a plusieurs pour les montrer différens.

Mais qu'on lise les Poëtiques, on n'y trouvera pas un mot de ces contrastes. Il me paroît donc qu'il en est de cette loi comme de beaucoup d'autres, qu'elle a été faite d'après quelque production de génie, où l'on aura remarqué un grand effet du contraste, & qu'on aura dit: le contraste fait bien ici, donc on ne peut bien faire sans contraste. Voilà la logique de la plûpart de ceux qui ont ofé donner des bornes à un art dans lequel ils ne fe font jamais exercés. C'eft auffi celle des Critiques fans expérience qui nous jugent d'après ces autorités.

Je ne fçais, mon ami, fi l'étude de la Philofophie ne me rappellera pas à elle, & fi le *Pere de famille* eft ou n'eft pas mon dernier drame; mais je fuis sûr de n'introduire le contrafte des caracteres dans aucun.

Lorfque l'efquiffe eft faite & remplie, & que les caracteres font arrêtés, on paffe à la divifion de l'action.

Les actes font les parties du drame. Les fcènes font les parties de l'acte.

L'acte eft une portion de l'action totale d'un drame. Il en renferme un ou plufieurs incidens.

Après avoir donné l'avantage aux pieces fimples fur les pieces compofées, il feroit bien fingulier que je préféraffe un acte rempli d'incidens, à un acte qui n'en auroit qu'un.

On a voulu que les principaux perfonnages se montrassent ou fussent nommés dans le premier acte ; je ne sçais trop pourquoi. Il y a telle action dramatique où il ne faudroit faire ni l'un ni l'autre.

On a voulu qu'un même personnage ne rentrât pas sur la scène plusieurs fois dans un même acte : & pourquoi l'a-t-on voulu ? Si ce qu'il vient dire, il ne l'a pû quand il étoit sur la scène ; si ce qui le ramene s'est passé pendant son absence ; s'il a laissé sur la scène celui qu'il y cherche ; si celui-ci y est en effet ; ou si n'y étant pas, il ne le sçait pas ailleurs ; si le moment le demande ; si son retour ajoute à l'intérêt ; en un mot s'il reparoît dans l'action, comme il nous arrive tous les jours dans la société ; alors qu'il revienne, je suis tout prêt à le revoir & à l'écouter. Le Critique citera ses auteurs tant qu'il voudra : le spectateur sera de mon avis.

On exige que les actes soient à-peu-près de la même longueur : il seroit bien plus sensé de demander que la durée en fût proportionnée à l'étendue de l'action qu'ils embrassent.

Un acte sera toujours trop long, s'il est vuide d'action & chargé de discours; & il sera toujours assez court, si les discours & les incidens dérobent au spectateur sa durée. Ne diroit-on pas qu'on écoute un drame, la montre à la main? Il s'agit de sentir, & toi tu comptes les pages & les lignes.

Le premier acte de l'*Eunuque* n'a que deux scènes & un petit monologue, & le dernier acte en a dix. Ils sont l'un & l'aure également courts, parce que le spectateur n'a langui ni dans l'un ni dans l'autre.

Le premier acte d'un drame en est peut-être la portion la plus difficile. Il faut qu'il entame, qu'il marche, quelquefois qu'il expose, & toujours qu'il lie.

Si ce qu'on appelle une exposition n'est pas amené par un incident important, ou s'il n'en est pas suivi, l'acte sera froid. Voyez la différence du premier acte de l'*Andrienne* ou de l'*Eunuque*, & du premier acte de l'*Heycire*.

On appelle Entracte la durée qui sépare un acte du suivant. Cette durée est variable ; mais puifque l'action ne s'arrête point, il faut que lorfque le mouvement ceffe fur la fcène , il continue derriere. Point de repos , point de fufpenfion. Si les perfonnages reparoiffoient, & que l'action ne fût pas plus avancée que quand ils ont difparu , ils fe feroient tous repofés ou ils auroient été diftraits par des occupations étrangeres ; deux fuppofitions contraires , finon à la vérité , du-moins à l'intérêt.

Le poëte aura rempli fa tâche , s'il m'a laiffé dans l'attente de quelque grand événement , & fi l'action qui doit remplir fon entracte, excite ma curiofité & fortifie l'impreffion que j'ai préconçûe. Car il ne s'agit pas d'élever dans mon ame différens mouvemens, mais d'y conferver celui qui y regne , & de l'accroître fans ceffe. C'eft un dard qu'il faut enfoncer depuis la pointe jufqu'à fon autre extrémité : effet qu'on n'obtiendra point d'une piece compliquée, à-moins que tous les incidens rapportés à un feul perfonnage ne fondent fur lui , ne l'atterent , & ne l'écrafent. Alors ce perfonnage eſt vraiment dans la ſituation dramatique. Il eſt gémiſſant & paſſif: c'eſt lui qui parle, & ce ſont les autres qui agiſſent.

Il ſe paſſe toujours dans l'entracte, & ſouvent il ſurvient dans le courant de la piece, des incidens que le poëte dérobe aux ſpectateurs, & qui ſuppoſent dans l'intérieur de la maiſon des entretiens entre ſes perſonnages. Je ne demanderai pas qu'il s'occupe de ces ſcènes, & qu'il les rende avec le même ſoin que ſi je devois les entendre. Mais s'il en faiſoit une eſquiſſe, elle acheveroit de le remplir de ſon ſujet & de ſes caracteres; & communiquée à l'acteur, elle le ſoutiendroit dans l'eſprit de ſon rôle & dans la chaleur de ſon action. C'eſt un ſurcroît de travail que je me ſuis quelquefois donné.

Ainſi lorſque le Commandeur pervers va trouver Germeuil pour le perdre, en l'embarquant dans le projet d'enfermer Sophie, il me ſemble que je le vois arriver d'une démarche compoſée, avec un viſage hypocrite & radouci, & que je lui entens dire d'un ton insinuant & patelin :

LE COMMANDEUR.

Germeuil, je te cherchois.

GERMEUIL.

Moi, Monsieur le Commandeur ?

LE COMMANDEUR.

Toi-même.

GERMEUIL.

Cela vous arrive peu.

LE COMMANDEUR.

Il est vrai ; mais un homme tel que Germeuil, se fait rechercher tôt ou tard. J'ai réfléchi sur ton caractere ; je me suis rappellé tous les services que tu as rendus à la famille ; & comme je m'interroge quelquefois quand je suis seul, je me suis demandé à quoi tenoit cette espece d'aversion qui duroit entre nous & qui éloignoit deux honnêtes gens l'un de l'autre ? J'ai découvert que j'avois tort, & je suis venu sur le champ te prier d'oublier le passé : oui, te prier, & te demander si tu veux que nous soyons amis ?

GERMEUIL.

Si je le veux, Monsieur? En pouvez-vous douter?

LE COMMANDEUR.

Germeuil, quand je hais, je hais bien.

GERMEUIL.

Je le sçais.

LE COMMANDEUR.

Quand j'aime aussi, c'est de même, & tu vas en juger.

Ici, le Commandeur laisse appercevoir à Germeuil que les vûes qu'il peut avoir sur sa niece, ne lui sont pas cachées : il les approuve, & s'offre à le servir...
Tu recherches ma niece ; tu n'en conviendras pas, je te connois. Mais pour te rendre de bons offices auprès d'elle, auprès de son pere, je n'ai que faire de ton aveu, & tu me trouveras quand il en sera tems.

Germeuil connoît trop bien le Commandeur pour se tromper à ses offres. Il ne doute point que ce préambule obligeant n'annonce quelque scélératesse, & il dit au Commandeur.

GERMEUIL.

GERMEUIL.

Enfuite, Monfieur le Commandeur, de quoi s'agit-il?

LE COMMANDEUR.

D'abord, de me croire vrai, comme je le fuis.

GERMEUIL.

Cela fe peut.

LE COMMANDEUR.

Et de me montrer que tu n'es pas indifférent à mon retour & à ma bienveillance.

GERMEUIL.

J'y fuis difposé.

Alors le Commandeur, après un peu de filence, jette négligemment & comme par forme de converfation... *Tu as vû mon neveu?*

GERMEUIL.

Il fort d'ici.

LE COMMANDEUR.

Tu ne fçais pas ce que l'on dit.

GERMEUIL.

Et que dit-on?

LE COMMANDEUR.

Que c'est toi qui l'entretiens dans sa folie ; mais il n'en est rien.

GERMEUIL.

Rien, Monsieur.

LE COMMANDEUR.

Et tu ne prens aucun intérêt à cette petite fille ?

GERMEUIL.

Aucun.

LE COMMANDEUR.

D'honneur ?

GERMEUIL.

Je vous l'ai dit.

LE COMMANDEUR.

Et si je te proposois de te joindre à moi pour terminer en un moment tout le trouble de la famille, tu le ferois ?

GERMEUIL.

Assûrément.

LE COMMANDEUR.

Et je pourrois m'ouvrir à toi ?

GERMEUIL.

Si vous le jugez à-propos.

Le Commandeur.

Et tu me garderois le secret?

Germeuil.

Si vous l'exigez.

Le Commandeur.

Germeuil... & qui empêcheroit?.. tu ne devines pas?

Germeuil.

Est-ce qu'on vous devine?

Le Commandeur lui révéle son projet. Germeuil voit tout d'un coup le danger de cette confidence; il en est troublé. Il cherche, mais inutilement, à ramener le Commandeur. Il se récrie sur l'inhumanité qu'il y a à persécuter une innocente... Où est la commisération? la justice?.. *La commisération? Il s'agit bien de cela; & la justice est à séquestrer des créatures qui ne sont dans le monde que pour égarer les enfans & désoler leurs parens... Et votre neveu?.. Il en aura d'abord quelque chagrin; mais une autre fantaisie effacera celle-là. Dans deux jours il n'y paroîtra plus, & nous lui aurons rendu un service important... Et ces ordres* qui disposent des citoyens, croyez-vous qu'on les obtienne ainsi?.. *J'attens le mien, & dans une heure ou deux nous pourrons manœuvrer*... Monsieur le Commandeur, à quoi m'engagez-vous?.. *Il accede; je le tiens. A faire ta cour à mon frere, & à m'attacher à toi pour jamais*... St Albin... *Eh bien, St Albin, St Albin; c'est ton ami, mais ce n'est pas toi. Germeuil, soi, soi d'abord; & les autres après, si l'on peut*... Monsieur... *Adieu; je vais sçavoir si ma lettre de cachet est venue, & te rejoindre sur le champ*... Un mot encore, s'il vous plaît... *Tout est entendu. Tout est dit. Ma fortune & ma niéce.*

Le Commandeur rempli d'une joie qu'il a peine à dissimuler, s'éloigne vîte; il croit Germeuil embarqué & perdu sans ressource; il craint de lui donner le tems du remords. Germeuil le rappelle, mais il va toujours, & ne se retourne que pour lui dire du fond de la salle: *Et ma fortune & ma niéce.*

Je me trompe fort, ou l'utilité de ces scènes ébauchées dédommageroit un auteur de la peine legére qu'il auroit prise à les faire.

Si un poëte a bien médité son sujet & bien divisé son action, il n'y aura aucun de ses actes auquel il ne puisse donner un titre: & de même que dans le poëme épique on dit, la descente aux Enfers, les Jeux funébres, le dénombrement de l'armée, l'apparition de l'ombre; on diroit dans le dramatique, l'acte des soupçons, l'acte des fureurs, celui de la reconnoissance ou du sacrifice. Je suis étonné que les anciens ne s'en soient pas avisés: cela est tout-à-fait dans leur gout. S'ils eussent intitulé leurs actes, ils auroient rendu service aux modernes, qui n'auroient pas manqué de les imiter; & le caractere de l'acte fixé, le poëte auroit été forcé de le remplir.

Lorsque le poëte aura donné à ses personnages les caracteres les plus convenables, c'est-à-dire les plus opposés aux situations; s'il a un peu d'imagination, je ne pense pas qu'il puisse s'empêcher de s'en former des images. C'est ce qui nous arrive tous les jours à l'égard des perfonnes dont nous avons beaucoup entendu parler. Je ne fçais s'il y a quelque analogie entre les phyfionomies & les actions ; mais je fçais que les paffions, les difcours, & les actions ne nous font pas plûtôt connus, qu'au même inftant nous imaginons un vifage auquel nous les rapportons ; & s'il arrive que nous rencontrions l'homme, & qu'il ne reffemble pas à l'image que nous nous en fommes formé, nous lui dirions volontiers que nous ne le reconnoiffons pas, quoique nous ne l'ayons jamais vû. Tout peintre, tout poëte dramatique fera phyfionomifte.

Ces images formées d'après les caracteres, influeront auffi fur les difcours & fur le mouvement de la fcène, fur-tout fi le poëte les évoque, les voit, les arrête devant lui, & en remarque les changemens.

Pour moi, je ne conçois pas comment le poëte peut commencer une fcène, s'il n'imagine pas l'action & le mouvement du personnage qu'il introduit ; si sa démarche & son masque ne lui sont pas présens. C'est ce simulacre qui inspire le premier mot ; & le premier mot donne le reste.

Si le poëte est secouru par ces physionomies idéales, lorsqu'il débute ; quel parti ne tirera-t-il pas des impressions subites & momentanées qui les font varier dans le cours du drame, & même dans le cours d'une scène ?... Tu pâlis... Tu trembles... Tu me trompes... Dans le monde, parle-t-on à quelqu'un ? On le regarde, on cherche à démêler dans ses yeux, dans ses mouvemens, dans ses traits, dans sa voix, ce qui se passe au fond de son cœur. Rarement au théatre. Pourquoi ? C'est que nous sommes encore loin de la vérité.

Un personnage sera nécessairement chaud & pathétique, s'il part de la situation même de ceux qu'il trouve sur la scène.

Attachez une physionomie à vos personnages, mais que ce ne soit pas celle des acteurs. C'est à l'acteur à convenir au rôle, & non pas au rôle à convenir à l'acteur. Qu'on ne dife jamais de vous, qu'au lieu de chercher vos caracteres dans les fituations, vous avez ajufté vos fituations au caractere & au talent du comédien.

N'êtes-vous pas étonné, mon ami, que les anciens foient quelquefois tombés dans cette petiteffe ? Alors on couronnoit le poëte & le comédien. Et lorfqu'il y avoit un acteur aimé du public, le poëte complaifant inféroit dans fon drame un épifode qui communément le gâtoit, mais qui amenoit fur la fcène l'acteur chéri.

J'appelle fcènes compofées celles où plufieurs perfonnages font occupés d'une chofe, tandis que d'autres perfonnages font à une chofe différente ou à la même chofe, mais à part.

Dans une fcène fimple, le dialogue fe fuccede fans interruption. Les fcènes compofées font ou parlées, ou pantomimes & parlées, ou toutes pantomimes.

Lorfqu'elles font pantomimes & parlées, le difcours fe place dans les intervalles de la pantomime, & tout se passe sans confusion. Mais il faut de l'art pour ménager ces jours.

C'est ce que j'ai essayé dans la premiere scène du second acte du *Pere de famille* : c'est ce que j'aurois pû tenter à la troisieme scène du même acte. Madame Hébert, personnage pantomime & muet, auroit pû jetter par intervalles quelques mots qui n'auroient pas nui à l'effet : mais il falloit trouver ces mots. Il en eût été de même de la scène du quatrieme acte, où Saint-Albin revoit sa maîtresse en présence de Germeuil & de Cécile. Là un plus habile eût exécuté deux scènes simultanées ; l'une sur le devant, entre Saint-Albin & Sophie ; l'autre sur le fond, entre Cécile & Germeuil, peut-être en ce moment plus difficiles à peindre que les premiers : mais des acteurs intelligens sçauront bien créer cette scène.

Combien je vois encore de tableaux à exposer, si j'osois, ou plûtôt si je réunissois le talent de faire à celui d'imaginer !

Il est difficile au poëte d'écrire en même tems ces scènes simultanées : mais comme elles ont des objets distincts, il s'occupera d'abord de la principale. J'appelle la principale celle qui, pantomime ou parlée, doit sur-tout fixer l'attention du spectateur.

J'ai tâché de séparer tellement les deux scènes simultanées de Cécile & du Pere de famille, qui commencent le second acte, qu'on pourroit les imprimer à deux colonnes, où l'on verroit la pantomime de l'une correspondre au discours de l'autre, & le discours de celle-ci correspondre alternativement à la pantomime de celle-là. Ce partage seroit commode pour celui qui lit & qui n'est pas fait au mêlange du discours & du mouvement.

Il est une sorte de scènes épisodiques dont nos poëtes nous offrent peu d'exemples, & qui me paroissent bien naturelles. Ce sont des personnages comme il y en a tant dans le monde & dans les familles, qui se fourrent par-tout sans être appellés, & qui, soit bonne ou mauvaise volonté, intérêt, curiosité, ou quelqu'autre motif pareil, se mêlent de nos affaires & les terminent ou les brouillent malgré nous. Ces scènes bien ménagées ne suspendroient point l'intérêt ; loin de couper l'action, elles pourroient l'accélérer. On donnera à ces intervenans le caractere qu'on voudra : rien n'empêche même qu'on ne les fasse contraster. Ils demeurent trop peu pour fatiguer. Ils releveront alors le caractere auquel on les opposera. Telle est Madame Pernelle dans le *Tartuffe*, & Antiphon dans l'*Eunuque*. Antiphon court après Chéréa qui s'étoit chargé d'arranger un souper: il le rencontre avec son habit d'Eunuque, au sortir de chez la courtisane, appellant un ami dans le sein de qui il puisse répandre toute la joie scélérate dont son ame est remplie. Antiphon est amené là fort naturellement & fort à-propos. Passé cette scène, on ne le revoit plus.

La ressource de ces personnages nous est d'autant plus nécessaire, que privés des chœurs qui repréſentoient le peuple dans les drames anciens, nos pieces renfermées dans l'intérieur de nos habitations manquent, pour ainſi dire, d'un fond ſur lequel les figures ſoient projettées.

Il y a dans le drame, ainſi que dans le monde, un ton propre à chaque caractere. La baſſeſſe de l'ame, la méchanceté tracaſſiere, & la bonhomie, ont pour l'ordinaire le ton bourgeois & commun.

Il y a de la différence entre la plaiſanterie de théatre & la plaiſanterie de ſociété. Celle-ci ſeroit trop foible ſur la ſcène, & n'y feroit aucun effet. L'autre ſeroit trop dure dans le monde, & elle offenſeroit. Le Cyniſme ſi odieux, ſi incommode dans la ſociété, eſt excellent ſur la ſcène.

Autre choſe eſt la vérité en Poéſie, autre choſe en Philoſophie. Pour être vrai, le philoſophe doit conformer ſon diſcours à la nature des objets; le poëte à la nature de ſes caracteres.

Peindre d'après la paſſion & l'intérêt, voilà ſon talent.

De-là à chaque inſtant la néceſſité de fouler aux pieds les choſes les plus ſaintes, & de préconiſer des actions atroces.

Il n'y a rien de ſacré pour le poëte, pas même la vertu, qu'il couvrira de ridicule, ſi la perſonne & le moment l'exigent. Il n'eſt ni impie, lorſqu'il tourne ſes regards indignés vers le ciel, & qu'il interpelle les Dieux dans ſa fureur; ni religieux, lorſqu'il ſe proſterne au pied de leurs autels, & qu'il leur adreſſe une humble priere.

Il a introduit un méchant? Mais ce méchant vous eſt odieux; ſes grandes qualités, s'il en a, ne vous ont point ébloui ſur ſes vices; vous ne l'avez point vû, vous ne l'avez point entendu, ſans en frémir d'horreur, & vous êtes ſorti conſterné ſur ſon ſort.

Pourquoi chercher l'auteur dans ſes perſonnages? Qu'a de commun Racine avec *Athalie*, Moliere avec le *Tartuffe?* Ce ſont des hommes de génie qui ont ſçu fouiller au fond de nos entrailles, & en arracher le trait qui nous frappe. Jugeons les poëmes, & laissons là les personnes.

Nous ne confondrons, ni vous ni moi, l'homme qui vit, pense, agit, & se meut au milieu des autres; & l'homme enthousiaste qui prend la plume, l'archet, le pinceau, ou qui monte sur ses treteaux. Hors de lui, il est tout ce qu'il plaît à l'art qui le domine. Mais l'instant de l'inspiration passé, il rentre & redevient ce qu'il étoit; quelquefois un homme commun. Car telle est la différence de l'esprit & du génie, que l'un est presque toujours présent, & que souvent l'autre s'absente.

Il ne faut pas considérer une scène comme un dialogue. Un homme d'esprit se tirera d'un dialogue isolé. La scène est toujours l'ouvrage du génie. Chaque scène a son mouvement & sa durée. On ne trouve point le mouvement vrai, sans un effort d'imagination. On ne mesure pas exactement la durée, sans l'expérience & le goût.

Cet art du dialogue dramatique si difficile, personne peut-être ne l'a possédé au même degré que Corneille. Ses personnages se pressent sans ménagement; ils parent & portent en même tems: c'est une lutte. La réponse ne s'accroche pas au dernier mot de l'interlocuteur; elle touche à la chose & au fond. Arrêtez-vous où vous voudrez; c'est toujours celui qui parle qui vous paroît avoir raison.

Lorsque livré tout entier à l'étude des lettres, je lisois Corneille, souvent je fermois le livre au milieu d'une scène, & je cherchois la réponse: il est assez inutile de dire que mes efforts ne servoient communément qu'à m'effrayer sur la logique & sur la force de tête de ce poëte. J'en pourrois citer mille exemples; mais en voici un entre autres, que je me rappelle: il est de sa tragédie de *Cinna*. Emilie a déterminé Cinna à ôter la vie à Auguste. Cinna s'y est engagé; il y va. Mais il se percera le sein du même poignard dont il l'aura vengée. Emilie reste avec sa confidente. Dans son trouble, elle s'écrie: *Cours après lui, Fulvie... Que lui dirai-je?... Dis-lui... qu'il dégage sa foi,*

& qu'il choisisse après de la mort ou de moi...
C'est ainsi qu'il conserve le caractere, & qu'il satisfait en un mot à la dignité d'une ame romaine, à la vengeance, à l'ambition, à l'amour. Toute la scène de Cinna, de Maxime, & d'Auguste est incompréhensible.

Cependant ceux qui se piquent d'un goût délicat prétendent que cette maniere de dialoguer est roide; qu'elle présente par-tout un air d'argumentation; qu'elle étonne plus qu'elle n'émeut. Ils aiment mieux une scène où l'on s'entretient moins rigoureusement, & où l'on met plus de sentiment & moins de dialectique. On pense bien que ces gens-là sont fous de Racine : & j'avoue que je le suis aussi.

Je ne connois rien de si difficile qu'un dialogue où les choses dites & répondues ne sont liées que par des sensations si délicates, des idées si fugitives, des mouvemens d'ame si rapides, des vûes si legéres, qu'elles en paroissent décousues, sur-tout à ceux qui ne sont pas nés pour éprouver les

mêmes

mêmes choses dans les mêmes circonstances... *Ils ne se verront plus. Ils s'aimeront toujours... Vous y serez ma fille.*

Et le discours de Clémentine troublée : *Ma mere étoit une bonne mere; mais elle s'en est allée, ou je m'en suis allée. Je ne sçais lequel.*

Et les adieux de Barnevel & de son ami.

BARNEVEL.

Tu ne sçais pas quelle étoit ma fureur pour elle !.. Jusqu'où la passion avoit éteint en moi le sentiment de la bonté !.. Ecoute... Si elle m'avoit demandé de t'assassiner, toi... je ne sçais si je ne l'eusse pas fait.

L'AMI.

Mon ami, ne t'exagere point ta foiblesse.

BARNEVEL.

... Oui, je n'en doute point... Je t'aurois assassiné.

L'AMI.

Nous ne nous sommes pas encore embrassés. Viens.

Nous ne nous sommes pas encore embrassés : quelle réponse à *je t'aurois assassiné !*

Si j'avois un fils qui ne sentît point ici

II. Partie. .I

de liaison, j'aimerois mieux qu'il ne fût pas né. Oui, j'aurois plus d'aversion pour lui que pour Barnevel assassin de son oncle.

Et toute la scène du délire de Phédre.

Et tout l'épisode de Clémentine.

Entre les passions, celles qu'on simuleroit le plus facilement, sont aussi les plus faciles à peindre. La grandeur d'ame est de ce nombre; elle comporte par-tout je ne sçais quoi de faux & d'outré. En guindant son ame à la hauteur de celle de Caton, on trouve un mot sublime. Mais le poëte qui a fait dire à Phédre :

Dieux! que ne suis-je assise à l'ombre des forêts!..

Quand pourrai-je, au-travers d'une noble poussiere,

Suivre de l'œil un char fuyant dans la carriere?

Ce poëte même n'a pû se promettre ce morceau qu'après l'avoir trouvé; & je m'estime plus d'en sentir le mérite, que de quelque chose que je puisse écrire de ma vie.

Je conçois comment à force de travail on réussit à faire une scène de Corneille, sans être né Corneille: je n'ai jamais conçû comment on réussissoit à faire une scène de Racine, sans être né Racine.

Moliere est souvent inimitable. Il a des scènes monosyllabiques entre quatre à cinq interlocuteurs, où chacun ne dit que son mot; mais ce mot est dans le caractere & le peint. Il est des endroits dans les *Femmes sçavantes*, qui font tomber la plume des mains. Si l'on a quelque talent, il s'éclipse. On reste des jours entiers sans rien faire. On se déplaît à soi-même. Le courage ne revient qu'à mesure qu'on perd la mémoire de ce qu'on a lû, & que l'impression qu'on en a ressentie se dissipe.

Lorsque cet homme étonnant ne se soucie pas d'employer tout son génie, alors même il le sent. Elmire se jetteroit à la tête de Tartuffe, & Tartuffe auroit l'air d'un sot qui donne dans un piége grossier: mais voyez comment il se sauve de-là. Elmire a entendu sans indignation la déclaration

de Tartuffe. Elle a imposé silence à son fils. Elle remarque elle-même qu'un homme passionné est facile à séduire. Et c'est ainsi que le poëte trompe le spectateur, & esquive une scène qui eût exigé sans ces précautions plus d'art encore, ce me semble, qu'il n'en a mis dans la sienne. Mais si Dorine, dans la même piece, a plus d'esprit, de sens, de finesse dans les idées, & même de noblesse dans l'expression, qu'aucun de ses maîtres; si elle dit:
Des actions d'autrui teintes de leurs couleurs,
Ils pensent dans le monde autoriser les leurs ;
Et sous le faux éclat de quelque ressemblance,
Aux intrigues qu'ils ont, donner de l'innocence ;
Ou faire ailleurs tomber quelques traits partagés
De ce blâme public dont ils sont trop chargés.
je ne croirai jamais que ce soit une suivante qui parle.

Térence est unique, sur-tout dans ses récits. C'est une onde pure & transparente qui coule toujours également, & qui ne prend de vîtesse & de murmure que ce qu'elle en reçoit de la pente & du terrein. Point d'esprit, nul étalage de sentiment, aucune sentence qui ait l'air épigrammatique, jamais de ces définitions qui ne seroient placées que dans Nicole ou la Rochefoucauld. Lorsqu'il généralise une maxime, c'est d'une maniere simple & populaire ; vous croiriez que c'est un proverbe reçu qu'il a cité : rien qui ne tienne au sujet. Aujourd'hui que nous sommes devenus dissertateurs, combien de scènes de Térence que nous appellerions vuides ?

J'ai lû & relû ce poëte avec attention ; jamais de scène superflue, ni rien de superflu dans les scènes. Je ne connois que la premiere du second acte de l'*Eunuque* qu'on pourroit peut-être attaquer. Le capitaine Thrason a fait présent à la courtisane Thaïs d'une jeune fille. C'est le parasite Gnathon qui doit la présenter. Chemin faisant avec elle, il s'amuse à débiter au spectateur un éloge très-agréable de sa

II. Partie. .I iij

profession. Mais étoit-ce là le lieu ? Que Gnathon attende sur la scène la jeune fille qu'il s'est chargé de conduire, & qu'il se dise à lui-même tout ce qu'il voudra, j'y consens.

Térence ne s'embarrasse gueres de lier ses scènes. Il laisse le théatre vuide jusqu'à trois fois de suite, & cela ne me déplaît pas, sur-tout dans les derniers actes.

Ces personnages qui se succedent & qui ne jettent qu'un mot en passant, me font imaginer un grand trouble.

Des scènes courtes, rapides, isolées, les unes pantomimes, les autres parlées, produiroient, ce me semble, encore plus d'effet dans la tragédie. Au commencement d'une piece, je craindrois seulement qu'elles ne donnassent trop de vitesse à l'action, & ne causassent de l'obscurité.

Plus un sujet est compliqué, plus le dialogue en est facile. La multitude des incidens donne pour chaque scène un objet différent & déterminé; au lieu que si la piece est simple, & qu'un seul incident fournisse à plusieurs scènes, il reste pour chacune je ne sçais quoi de vague qui embarrasse un auteur ordinaire: mais c'est où se montre l'homme de génie.

Plus les fils qui lient la scène au sujet, seront déliés, plus le poëte aura de peine. Donnez une de ces scènes indéterminées à faire à cent personnes, chacun la fera à sa maniere; cependant il n'y en a qu'une bonne.

Des lecteurs ordinaires estiment le talent d'un poëte par les morceaux qui les affectent le plus. C'est au discours d'un factieux à ses conjurés; c'est à une reconnoissance qu'ils se récrient. Mais qu'ils interrogent le poëte sur son propre ouvrage, & ils verront qu'ils ont laissé passer, sans l'avoir apperçu, l'endroit dont il se félicite.

Les scènes du *Fils Naturel* sont presque toutes de la nature de celles dont l'objet vague pouvoit rendre le poëte perplexe. Dorval mal avec lui-même, & cachant le fond de son ame à son ami, à Rosalie, à Constance; Rosalie & Constance dans une situation à-peu-près semblable, n'offroient pas un seul morceau de détail qui ne pût être mieux ou plus mal traité.

Ces sortes de scènes sont plus rares dans le *Pere de Famille*, parce qu'il y a plus de mouvement.

Il y a peu de regles générales dans l'Art poétique. En voici cependant une à laquelle je ne sçais point d'exception. C'est que le monologue est un moment de repos pour l'action, & de trouble pour le personnage. Cela est vrai même d'un monologue qui commence une piece. Donc tranquille, il est contre la vérité selon laquelle l'homme ne se parle à lui-même que dans des instans de perplexité. Long, il peche contre la nature de l'action dramatique qu'il suspend trop.

Je ne sçaurois supporter les caricatures, soit en beau, soit en laid: car la bonté & la méchanceté peuvent être également outrées; & quand nous sommes moins sensibles à l'un de ces défauts qu'à l'autre, c'est un effet de notre vanité.

Sur la fcène, on veut que les caractères foient uns. C'eft une fauffeté palliée par la courte durée d'un drame : car combien de circonftances dans la vie où l'homme eft diftrait de fon caractère?

Le foible eft l'oppofé de l'outré. Pamphile me paroît foible dans l'*Andrienne*. Dave l'a précipité dans des nôces qu'il abhorre. Sa maîtreffe vient d'accoucher. Il a cent raifons de mauvaife humeur. Cependant il prend tout affez doucement. Il n'en eft pas ainfi de fon ami Charinus, ni du Clinia de l'*Eautontimorumenos*. Celui-ci arrive de loin; & tandis qu'il fe débotte, il ordonne à fon Dave d'aller chercher fa maîtreffe. Il y a peu de galanterie dans ces mœurs; mais elles font bien d'une autre énergie que les nôtres, & d'une autre reffource pour le poëte. C'eft la nature abandonnée à fes mouvemens effrénés. Nos petits propos madrigalifés auroient bonne grace dans la bouche d'un Clinia ou d'un Chéréa. Que nos rôles d'amans font froids!

Ce que j'aime sur-tout de la scène ancienne, ce sont les amans & les peres. Pour les Daves, ils me déplaisent; & je suis convaincu qu'à moins qu'un sujet ne soit dans les mœurs anciennes, ou malhonnête dans les nôtres, nous n'en reverrons plus.

Tout peuple a des préjugés à détruire, des vices à poursuivre, des ridicules à décrier, & a besoin de spectacles, mais qui lui soient propres. Quel moyen, si le gouvernement en sçait user & qu'il soit question de préparer le changement d'une loi ou l'abrogation d'un usage!

Attaquer les comédiens par leurs mœurs, c'est en vouloir à tous les états.

Attaquer le spectacle par son abus, c'est s'élever contre tout genre d'instruction publique; & ce qu'on a dit jusqu'à-présent là-dessus, appliqué à ce que les choses sont ou ont été, & non à ce qu'elles pourroient être, est sans justice & sans vérité.

Un peuple n'est pas également propre

à exceller dans tous les genres de drame. La tragédie me semble plus du génie républicain ; & la comédie, gaie sur-tout, plus du caractere monarchique.

Entre des hommes qui ne se doivent rien, la plaisanterie sera dure. Il faut qu'elle frappe en-haut pour devenir legére ; & c'est ce qui arrivera dans un Etat où les hommes sont distribués en différens ordres, qu'on peut comparer à une haute pyramide, où ceux qui sont à la base, chargés d'un poids qui les écrase, sont forcés de garder du ménagement jusques dans la plainte.

Un inconvénient trop commun, c'est que par une vénération ridicule pour certaines conditions, bien-tôt ce sont les seules dont on peigne les mœurs, que l'utilité des spectacles se restreint, & que peut-être même ils deviennent un canal par lequel les travers des grands se répandent & passent aux petits.

Chez un peuple esclave, tout se dégrade. Il faut s'avilir par le ton & par le geste pour ôter à la vérité son poids & son offense. Alors les poëtes sont comme les fous à la cour des rois ; c'est du mépris qu'on fait d'eux, qu'ils tiennent leur franc-parler. Ou, si l'on aime mieux, ils ressemblent à certains coupables qui, traînés devant nos tribunaux, ne s'en retournent absous que parce qu'ils ont sçû contrefaire les insensés.

Nous avons des comédies. Les Anglois n'ont que des satyres, à la vérité pleines de force & de gaieté, mais sans mœurs & sans goût. Les Italiens en sont réduits au drame burlesque.

En général plus un peuple est civilisé, poli, moins ses mœurs sont poétiques. Tout s'affoiblit en s'adoucissant. Quand est-ce que la nature prépare des modeles à l'Art ? C'est au tems où les enfans s'arrachent les cheveux autour du lit d'un pere moribond ; où une mere découvre son sein & conjure son fils par les mammelles qui l'ont alaité ; où un ami se coupe la chevelure & la répand sur le cadavre de son ami ; où c'est lui qui le soûtient par la tête & qui le porte sur un bûcher, qui recueille sa cendre & qui la renferme dans une urne qu'il va en certains jours arroser de ses pleurs; où les veuves échevelées se déchirent le visage de leurs ongles, si la mort leur a ravi un époux; où les chefs du peuple dans les calamités publiques posent leur front humilié dans la poussiere, ouvrent leurs vêtemens dans la douleur & se frappent la poitrine; où un pere prend entre ses bras son fils nouveau-né, l'éleve vers le ciel & fait sur lui sa priere aux dieux; où le premier mouvement d'un enfant, s'il a quitté ses parens & qu'il les revoye après une longue absence, c'est d'embrasser leurs genoux, & d'en attendre prosterné la bénédiction; où les repas sont des sacrifices qui commencent & finissent par des coupes remplies de vin & versées sur la terre; où le peuple parle à ses maîtres, & où ses maîtres l'entendent & lui répondent; où l'on voit un homme le front ceint de bandelettes devant un autel, & une prêtresse qui étend les mains sur lui en invoquant le ciel & en exécutant les cérémonies expiatoires & luſtratives ; où des Pythies écumantes par la préſence d'un démon qui les tourmente, font affiſes fur des trépieds, ont les yeux égarés, & font mugir de leurs cris prophétiques le fond obſcur des antres ; où les dieux altérés du ſang humain ne ſont appaiſés que par ſon effuſion ; où des Bacchantes armées de thyrſes s'égarent dans les forêts & inſpirent l'effroi au profane qui ſe rencontre ſur leur paſſage ; où d'autres femmes ſe dépouillent ſans pudeur, ouvrent leurs bras au premier qui ſe préſente, & ſe proſtituent, &c.

Je ne dis pas que ces mœurs ſont bonnes, mais qu'elles ſont poétiques.

Qu'eſt-ce qu'il faut au poëte ? Eſt-ce une nature brute ou cultivée ? paiſible ou troublée ? Préférera-t-il la beauté d'un jour pur & ſerein, à l'horreur d'une nuit obſcure ; où le ſiflement interrompu des vents ſe mêle par intervalles au murmure ſourd & continu d'un tonnerre éloigné, & où il voit l'éclair allumer le ciel ſur ſa tête ? Préférera-t-il le ſpectacle d'une mer tranquille à celui des flots agités ? le muet & froid aspect d'un palais, à la promenade parmi des ruines ? un édifice construit, un espace planté de la main des hommes, au touffu d'une antique forêt, au creux ignoré d'une roche déserte ? des nappes d'eau, des bassins, des cascades, à la vûe d'une cataracte qui se brise en tombant à travers des rochers, & dont le bruit se fait entendre au loin du berger qui a conduit son troupeau dans la montagne, & qui l'écoute avec effroi ?

La poésie veut quelque chose d'énorme, de barbare & de sauvage.

C'est lorsque la fureur de la guerre civile ou du fanatisme arme les hommes de poignards, & que le sang coule à grands flots sur la terre, que le laurier d'Apollon s'agite & verdit. Il en veut être arrosé. Il se flétrit dans les tems de la paix & du loisir. Le siecle d'or eût produit une chanson peut-être, ou une élégie. La poésie épique & dramatique demandent d'autres mœurs.

Quand verra-t-on naître des poëtes ?

Ce fera après les tems de défaftres & de grands malheurs ; lorfque les peuples haraffés commenceront à refpirer. Alors les imaginations ébranlées par des fpectacles terribles, peindront des chofes inconnues à ceux qui n'en ont pas été les témoins. N'avons-nous pas éprouvé dans quelques circonftances une forte de terreur qui nous étoit étrangere ? Pourquoi n'a-t-elle rien produit ? N'avons-nous plus de génie ?

Le génie eft de tous les tems ; mais les hommes qui le portent en eux demeurent engourdis, à-moins que des événemens extraordinaires n'échauffent la maffe & ne les faffent paroître. Alors les fentimens s'accumulent dans la poitrine, la travaillent ; & ceux qui ont un organe, preffés de parler, le déployent & fe foulagent.

Quelle fera donc la reffource d'un poëte chez un peuple dont les mœurs font foibles, petites & maniérées ; où l'imitation rigoureufe des converfations ne formeroit qu'un tiffu d'expreffions fauffes, infenfées & baffes ; où il n'y a plus ni franchife ni
bonhommie,

bonhommie; où un pere appelle son fils, Monsieur; & où une mere appelle sa fille, Mademoiselle; ou les cérémonies publiques n'ont rien d'auguste; la conduite domestique rien de touchant & d'honnête; les actes solemnels rien de vrai ? Il tâchera de les embellir; il choisira les circonstances qui prêtent le plus à son art ; il négligera les autres , & il osera en supposer quelques-unes.

Mais quelle finesse de goût ne lui faudra-t-il pas pour sentir jusqu'où les mœurs publiques & particulieres peuvent être embellies ? S'il passe la mesure, il sera faux & romanesque.

Si les mœurs qu'il supposera ont été autrefois , & que ce tems ne soit pas éloigné; si un usage est passé, mais qu'il en soit resté une expression métaphorique dans la langue; si cette expression porte un caractere d'honnêteté; si elle marque une piété antique , une simplicité qu'on regrette; si l'on y voit les peres plus respectés, les meres plus honorées, les rois populaires; qu'il ose : loin de lui reprocher d'avoir failli contre la vérité, on supposera que ces vieilles & bonnes mœurs se sont apparemment conservées dans cette famille. Qu'il s'interdise seulement ce qui ne seroit que dans les usages présens d'un peuple voisin.

Mais admirez la bisarrerie des peuples policés. La délicatesse y est quelquefois poussée au point, qu'elle interdit à leurs poëtes l'emploi de circonstances mêmes qui sont dans leurs mœurs, & qui ont de la simplicité, de la beauté & de la vérité. Qui oseroit parmi nous étendre de la paille sur la scène, & y exposer un enfant nouveau-né ? Si le poëte y plaçoit un berceau, quelque étourdi du parterre ne manqueroit pas de contrefaire les cris de l'enfant, les loges & l'amphithéatre de rire, & la piece de tomber. O peuple plaisant & leger, quelles bornes vous donnez à l'art ! quelle contrainte vous imposez à vos artistes ! & de quels plaisirs votre délicatesse vous prive ! A tout moment vous siffleriez sur la scène les seules choses qui vous plairoient, qui vous toucheroient en peinture. Malheur à l'homme né avec du génie qui tentera quelque spectacle qui est dans la nature, mais qui n'est pas dans vos préjugés.

Térence a exposé l'enfant nouveau-né sur la scène. Il a fait plus. Il a fait entendre du dedans de la maison, la plainte de la femme dans les douleurs qui le mettent au monde. Cela est beau ; & cela ne vous plairoit pas.

Il faut que le goût d'un peuple soit incertain, lorsqu'il admettra dans la nature des choses dont il interdira l'imitation à ses artistes, ou lorsqu'il admirera dans l'art des effets qu'il dédaigneroit dans la nature. Nous dirions d'une femme qui ressembleroit à quelqu'une de ces statues qui enchantent nos regards aux Tuileries, qu'elle a la tête jolie, mais le pied gros, la jambe forte, & point de taille. La femme qui est belle pour le sculpteur sur un sopha, est laide dans son attelier. Nous sommes pleins de ces contradictions.

Mais ce qui montre sur-tout combien nous sommes encore loin du bon goût & de la vérité ; c'est la pauvreté & la fausseté des décorations, & le luxe des habits.

Vous exigez de votre poëte qu'il s'assujettisse à l'unité de lieu, & vous abandonnez la scène à l'ignorance d'un mauvais décorateur.

Voulez-vous rapprocher vos poëtes du vrai, & dans la conduite de leurs pieces, & dans leur dialogue, vos acteurs du jeu naturel & de la déclamation réelle ? élevez la voix, demandez seulement qu'on vous montre le lieu de la scène tel qu'il doit être.

Si la nature & la vérité s'introduisent une fois sur vos théatres dans la circonstance la plus legere, bien-tôt vous sentirez le ridicule & le dégoût se répandre sur tout ce qui fera contraste avec elles.

Le système dramatique le plus mal entendu, seroit celui qu'on pourroit accuser d'être moitié vrai & moitié faux. C'est un mensonge mal-adroit où certaines circonstances me décelent l'impossibilité du reste. Je souffrirai plûtôt le mélange des disparates ; il est du-moins sans fausseté. Le défaut de Shakespear n'est pas le plus grand dans lequel un poëte puisse tomber. Il marque seulement peu de goût.

Que votre poëte, lorsque vous aurez jugé son ouvrage digne de vous être représenté, envoye chercher le Décorateur. Qu'il lui lise son drame. Que le lieu de la scène bien connu de celui-ci, il le rende tel qu'il est, & qu'il songe sur-tout que la peinture théatrale doit être plus rigoureuse & plus vraie que tout autre genre de peinture.

La peinture théatrale s'interdira beaucoup de choses, que la peinture ordinaire se permet. Qu'un peintre d'attelier ait une cabane à représenter, il en appuyera le bâtis contre une colonne brisée ; & d'un chapiteau corinthien renversé, il en fera un siége à la porte. En effet il n'est pas impossible qu'il y ait une chaumiere où il y avoit auparavant un palais. Cette circonstance réveille en moi une idée accessoire qui me touche, en me retraçant l'instabilité des choses humaines. Mais dans la peinture théatrale, il ne s'agit pas de cela. Point de distraction. Point de supposition qui fasse dans mon ame un commencement d'impression autre que celle que le poëte a intérêt d'y exciter.

Deux poëtes ne peuvent se montrer à-la-fois avec tous leurs avantages. Le talent subordonné sera en partie sacrifié au talent dominant. S'il alloit seul, il représenteroit une chose générale. Commandé par un autre, il n'a que la ressource d'un cas particulier. Voyez quelle différence pour la chaleur & l'effet entre les Marines que Vernet a peintes d'idée, & celles qu'il a copiées. Le peintre de théatre est borné aux circonstances qui servent à l'illusion. Les accidens qui s'y oppoferoient lui font interdits. Il n'ufera de ceux qui embelliroient fans nuire, qu'avec fobriété. Ils auront toujours l'inconvénient de diftraire.

Voilà les raifons pour lefquelles la plus belle décoration de théatre ne fera jamais qu'un tableau du fecond ordre.

Dans le genre lyrique, le poëme eft fait pour le muficien, comme la décoration l'eft pour le poëte : ainfi le poëme ne fera point auffi parfait, que fi le poëte eût été libre.

Avez-vous un fallon à repréfenter ? Que ce foit celui d'un homme de goût. Point de magots. Peu de dorure. Des meubles fimples : à-moins que le fujet n'exige expreffément le contraire.

Le fafte gâte tout. Le fpectacle de la richeffe n'eft pas beau. La richeffe a trop de caprices ; elle peut éblouir l'œil, mais non toucher l'ame. Sous un vêtement furchargé de dorure, je ne vois jamais qu'un homme riche, & c'est un homme que je cherche. Celui qui eſt frappé des diamans qui déparent une belle femme, n'eſt pas digne de voir une belle femme.

La comédie veut être jouée en deshabillé. Il ne faut être ſur la ſcène ni plus apprêté ni plus négligé que chez ſoi.

Si c'eſt pour le ſpectateur que vous vous ruinez en habits ; acteurs vous n'avez point de goût, & vous oubliez que le ſpectateur n'eſt rien pour vous.

Plus les genres ſont ſérieux, plus il faut de ſévérité dans les vêtemens.

Quelle vraiſemblance qu'au moment d'une action tumultueuſe, des hommes ayent eu le tems de ſe parer, comme dans un jour de repréſentation ou de fête ?

Dans quelles dépenſes nos comédiens ne ſe ſont-ils pas jettés pour la repréſentation de l'*Orphelin de la Chine* ? Combien ne leur en a-t-il pas coûté pour ôter à cet ouvrage une partie de ſon effet ? En vérité il n'y a que des enfans, comme on en voit s'arrêter ébahis dans nos rues, lorſqu'elles ſont bigarrées de tapiſſeries, à qui le luxe des vêtemens de théatre puisse plaire. O Athéniens, vous êtes des enfans!

De belles draperies simples, d'une couleur sévere, voilà ce qu'il falloit, & non tout votre clinquant & toute votre broderie. Interrogez encore la Peinture là-dessus. Y a-t-il parmi nous un artiste assez goth, pour vous montrer sur la toile aussi maussades & aussi brillans que nous vous avons vûs sur la scène?

Acteurs, si vous voulez apprendre à vous habiller; si vous voulez perdre le faux goût du faste, & vous rapprocher de la simplicité qui conviendroit si fort aux grands effets, à votre fortune, & à vos mœurs; fréquentez nos galleries.

S'il venoit jamais en fantaisie d'essayer le *Pere de famille* au Théatre, je crois que ce personnage ne pourroit être vêtu trop simplement. Il ne faudroit à Cécile que le deshabillé d'une fille opulente. J'accorderai, si l'on veut, au Commandeur un galon d'or uni, avec la canne à bec de corbin. S'il changeoit d'habit entre le premier acte & le second, je n'en ferois pas fort étonné de la part d'un homme auffi capricieux. Mais tout eft gâté, fi Sophie n'eft pas en fiamoife, & Madame Hébert comme une femme du peuple aux jours de Dimanche. Saint-Albin eft le feul à qui fon âge & fon état me feront paffer au fecond acte de l'élégance & du luxe. Il ne lui faut au premier qu'une redingotte de pluche fur une vefte d'étoffe groffiere.

Le public ne fçait pas toujours défirer le vrai. Quand il eft dans le faux, il peut y refter des fiecles entiers : mais il eft fenfible aux chofes naturelles ; & lorfqu'il en a reçû l'impreffion, il ne la perd jamais entiérement.

Une actrice courageufe vient de fe défaire du panier ; & perfonne ne l'a trouvé mauvais. Elle ira plus loin ; j'en répons. Ah, fi elle ofoit un jour fe montrer fur la fcène avec toute la nobleffe & la fimplicité d'ajuftement que fes rôles demandent : difons plus, dans le defordre où doit jetter un événement auffi terrible que la mort d'un époux, la perte d'un fils, & les autres catastrophes de la scène tragique : que deviendroient autour d'une femme échevelée, toutes ces poupées poudrées, frisées, pomponnées ? Il faudroit bien que tôt ou tard elles se missent à l'unisson. La nature, la nature ; on ne lui résiste pas. Il faut ou la chasser ou lui obéir.

O Clairon, c'est à vous que je reviens ! Ne souffrez pas que l'usage & le préjugé vous subjuguent. Livrez-vous à votre goût & à votre génie ; montrez-nous la nature & la vérité : c'est le devoir de ceux que nous aimons, & dont les talens nous ont disposés à recevoir tout ce qu'il leur plaira d'oser.

Un paradoxe dont peu de personnes sentiront le vrai, & qui révoltera les autres ; (mais que vous importe à vous & à moi ? Premierement dire la vérité ; voilà notre devise) ; c'est que dans les pieces italiennes, nos comédiens italiens jouent avec plus de liberté que nos comédiens françois; ils font moins de cas du spectateur. Il y a cent momens où il en est tout-à-fait oublié. On trouve dans leur action je ne sçais quoi d'original & d'aisé, qui me plaît & qui plairoit à tout le monde, sans les insipides discours & l'intrigue absurde qui le défigurent. A-travers leur folie, je vois des gens en gaieté qui cherchent à s'amuser, & qui s'abandonnent à toute la fougue de leur imagination; & j'aime mieux cette yvresse, que le roide, le pesant, & l'empesé.

« Mais ils improvistent : le rôle qu'ils » sont ne leur a point été dicté ».

Je m'en apperçois bien.

« Et si vous voulez les voir aussi mesu- » rés, aussi compassés, & plus froids que » d'autres, donnez-leur une piece écrite ».

J'avoue qu'ils ne sont plus eux: mais qui les en empêche? Les choses qu'ils ont apprises ne leur sont-elles pas aussi intimes à la quatrieme représentation, que s'ils les avoient imaginées ?

« Non. L'impromptu a un caractere que
» la chose préparée ne prendra jamais ».

Je le veux. Néanmoins ce qui sur-tout les symmétrise, les empese & les engourdit, c'est qu'ils jouent d'imitation; qu'ils ont un autre théatre & d'autres acteurs en vûe. Que font-ils donc? Ils s'arrangent en rond; ils arrivent à pas comptés & mesurés; ils quêtent des applaudissemens; ils sortent de l'action; ils s'adressent au parterre; ils lui parlent, & ils deviennent maussades & faux.

Une observation que j'ai faite, c'est que nos insipides personnages subalternes demeurent plus communément dans leur humble rôle, que les principaux personnages. La raison, ce me semble, c'est qu'ils sont contenus par la présence d'un autre qui les commande : c'est à cet autre qu'ils s'adressent; c'est-là que toute leur action est tournée. Et tout iroit assez bien, si la chose en imposoit aux premiers rôles, comme la dépendance en impose aux rôles subalternes.

Il y a bien de la pédanterie dans notre poétique ; il y en a beaucoup dans nos compositions dramatiques : comment n'y en auroit-il pas dans la représentation ?

Cette pédanterie qui est par-tout ailleurs si contraire au caractere facile de la nation, arrêtera long-tems encore les progrès de la pantomime, partie si importante de l'Art dramatique.

J'ai dit que la pantomime est une portion du drame ; que l'auteur s'en doit occuper sérieusement ; que si elle ne lui est pas familiere & présente, il ne sçaura ni commencer, ni conduire, ni terminer sa scène avec quelque vérité ; & que le geste doit s'écrire souvent à la place du discours.

J'ajoûte qu'il y a des scènes entieres où il est infiniment plus naturel aux personnages de se mouvoir que de parler ; & je vais le prouver.

Il n'y a rien de ce qui passe dans le monde, qui ne puisse avoir lieu sur la scène. Je suppose donc que deux hommes incertains s'ils ont à être mécontens ou satisfaits l'un de l'autre, en attendent un troifieme qui les inftruife : que diront-ils jufqu'à ce que ce troifieme foit arrivé ? Rien. Ils iront, ils viendront, ils montreront de l'impatience; mais ils fe tairont. Ils n'auront garde de fe tenir des propos dont ils pourroient avoir à fe repentir. Voilà le cas d'une fcène toute ou prefque toute pantomime : & combien n'y en a-t-il pas d'autres ?

Pamphile fe trouve fur la fcène avec Chremès & Simon. Chremès prend tout ce que fon fils lui dit pour les impoftures d'un jeune libertin qui a des fottifes à excufer. Son fils lui demande à produire un témoin. Chremès preffé par fon fils & par Simon, confent à écouter ce témoin. Pamphile va le chercher ; Simon & Chremès reftent. Je demande ce qu'ils font pendant que Pamphile eft chez Glycérion, qu'il parle à Criton, qu'il l'inftruit, qu'il lui explique ce qu'il en attend, & qu'il le détermine à venir & à parler à Chremès fon pere ? Il faut ou les fuppofer immobiles & muets, ou imaginer que Simon continue d'entretenir Chremès; que Chremès la tête baiſſée & le menton appuyé ſur ſa main, l'écoute tantôt avec patience, tantôt avec colere, & qu'il ſe paſſe entr'eux une ſcène toute pantomime.

Mais cet exemple n'eſt pas le ſeul qu'il y ait dans ce poëte. Que fait ailleurs un des vieillards ſur la ſcène, tandis que l'autre va dire à ſon fils que ſon pere ſçait tout, le deshérite, & donne ſon bien à ſa fille?

Si Térence avoit eu l'attention d'écrire la pantomime, nous n'aurions là-deſſus aucune incertitude. Mais qu'importe qu'il l'ait écrite ou non, puiſqu'il faut ſi peu de ſens pour la ſuppoſer ici? Il n'en eſt pas toujours de même. Qui eſt ce qui l'eût imaginée dans l'*Avare?* Harpagon eſt alternativement triſte & gai, ſelon que Froſine lui parle de ſon indigence ou de la tendreſſe de Marianne. Là le dialogue eſt inſtitué entre le diſcours & le geſte.

Il faut écrire la pantomime toutes les fois qu'elle fait tableau; qu'elle donne de l'énergie ou de la clarté au diſcours; qu'elle
lie

lie le dialogue ; qu'elle caractérife ; qu'elle confifte dans un jeu délicat qui ne fe devine pas ; qu'elle tient lieu de réponfe ; & prefque toujours au commencement des fcènes.

Elle eft tellement effentielle, que de deux pieces compofées, l'une eu égard à la pantomime, & l'autre fans cela, la facture fera fi diverfe, que celle où la pantomime aura été confidérée comme partie du drame, ne fe jouera pas fans pantomime, & que celle où la pantomime aura été négligée, ne fe pourra pantomimer. On ne l'ôtera point dans la repréfentation au poëme qui l'aura, & on ne la donnera point au poëme qui ne l'aura pas. C'eft elle qui fixera la longueur des fcènes, & qui colorera tout le drame.

Moliere n'a pas dédaigné de l'écrire : c'eft tout dire.

Mais quand Moliere ne l'eût pas écrite, un autre auroit-il eu tort d'y penfer ? O Critiques, cervelles étroites, hommes de peu de fens, jufqu'à quand ne jugerez-vous rien en foi-même, & n'approuverez ou ne defapprouverez vous que d'après ce qui eft ?

Combien d'endroits où Plaute, Ariftophane, & Térence ont embarraffé les plus habiles interpretes, pour n'avoir pas indiqué le mouvement de la fcène ? Térence commence ainfi les *Adelphes* : « Storax. » Æfchinus n'eft pas rentré cette nuit. » Qu'eft-ce que cela fignifie ? Micion parle-t-il à Storax ? Non. Il n'y a point de Storax fur la fcène dans ce moment. Ce perfonnage n'eft pas même de la piece. Qu'eft-ce donc que cela fignifie ? Le voici. Storax eft un des valets d'Æfchinus. Micion l'appelle ; & Storax ne répondant point, il en conclut qu'Æfchinus n'eft pas rentré. Un mot de pantomime auroit éclairci cet endroit.

C'eft la peinture des mouvemens qui charme, fur-tout dans les romans domeftiques. Voyez avec quelle complaifance l'auteur de *Pamela*, de *Grandifon*, & de *Clariffe*, s'y arrête ? Voyez quelle force, quel fens, & quel pathétique elle donne à fon difcours ? Je vois le perfonnage : foit qu'il parle, foit qu'il fe taife, je le vois, & fon action m'affecte plus que fes paroles.

Si un poëte a mis fur la fcène Orefte & Pilade fe difputant la mort, & qu'il ait réfervé pour ce moment l'approche des Euménides, dans quel effroi ne me jettera-t-il pas, fi les idées d'Orefte fe troublent peu-à-peu, à-mefure qu'il raifonne avec fon ami ; fi fes yeux s'égarent ; s'il cherche autour de lui ; s'il s'arrête ; s'il continue de parler ; s'il s'arrête encore ; fi le defordre de fon action & de fon difcours s'accroît ; fi les Furies s'emparent de lui & le tourmentent ; s'il fuccombe fous la violence du tourment ; s'il en eft renverfé par terre ; fi Pilade le reieve, l'appuie, & lui effuie de fa main le vifage & la bouche ; fi le malheureux fils de Clytemneftre refte un moment dans un état d'agonie & de mort ; fi entr'ouvrant enfuite les paupieres, & femblable à un homme qui revient d'une léthargie profonde, fentant les bras de fon ami qui le foutiennent & qui le preffent, il lui dit en penchant la tête de fon côté & d'une voix éteinte: *Pilade, eft-ce à toi de mourir?* Quel effet cette pantomime ne produira-t-elle pas? Y a-t-il quelque difcours au monde qui m'affecte autant que l'action de Pilade relevant Orefte abattu & lui effuyant de fa main le vifage & la bouche? Séparez ici la pantomime du difcours, & vous tuerez l'un & l'autre. Le poëte qui aura imaginé cette fcène, aura fur-tout montré du génie, en réfervant pour ce moment les fureurs d'Orefte. L'argument qu'Orefte tire de fa fituation, eft fans réponfe.

Mais il me prend envie de vous efquiffer les derniers inftans de la vie de Socrate. C'eft une fuite de tableaux qui prouveront plus en faveur de la pantomime, que tout ce que je pourrois ajoûter. Je me conformerai prefque entierement à l'Hiftoire. Quel canevas pour un poëte!

Ses difciples n'en avoient point la pitié qu'on éprouve auprès d'un ami qu'on assiste au lit de la mort. Cet homme leur paroissoit heureux. S'ils étoient touchés, c'étoit d'un sentiment extraordinaire mêlé de la douceur qui naissoit de ses discours, & de la peine qui naissoit de la pensée qu'ils alloient le perdre.

Lorsqu'ils entrerent, on venoit de le délier. Xantippe étoit assise auprès de lui, tenant un de ses enfans entre ses bras.

Le philosophe dit peu de choses à sa femme : mais combien de choses touchantes un homme sage qui ne fait aucun cas de la vie, n'avoit-il pas à dire sur son enfant ?

Les philosophes entrerent. A peine Xantippe les apperçut-elle, qu'elle se mît à se déséspérer & à crier, comme c'est la coutume des femmes en ces occasions : *Socrate, vos amis vous parlent aujourd'hui pour la derniere fois. C'est pour la derniere fois que vous embrassez votre femme, & que vous voyez votre enfant.*

Socrate se tournant du côté de Criton,

lui dit : *Mon ami, faites conduire cette femme chez elle.* Et cela s'exécuta.

On entraîne Xantippe ; mais elle s'élance du côté de Socrate, lui tend les bras, l'appelle, se meurtrit le visage de ses mains, & remplit la prison de ses cris.

Cependant Socrate dit encore un mot sur l'enfant qu'on emporte.

Alors le philosophe prenant un visage serein, s'assied sur son lit ; & pliant la jambe d'où l'on avoit ôté la chaîne, & la frottant doucement, il dit :

Que le plaisir & la peine se touchent de près ! Si Esope y avoit pensé, la belle fable qu'il en auroit faite !... Les Athéniens ont ordonné que je m'en aille, & je m'en vais... Dites à Evénus qu'il me suivra, s'il est sage.

Ce mot engage la scène sur l'immortalité de l'ame.

Tentera cette scène qui l'osera. Pour moi, je me hâte vers mon objet. Si vous avez vû expirer un pere au milieu de ses enfans ; telle fut la fin de Socrate au milieu des philosophes qui l'environnoient.

Lorsqu'il eut achevé de parler, il se fit un moment de silence, & Criton lui dit :

CRITON.

Qu'avez-vous à nous ordonner ?

SOCRATE.

De vous rendre semblables aux Dieux, autant qu'il vous sera possible, & de leur abandonner le soin du reste.

CRITON.

Après votre mort, comment voulez-vous qu'on dispose de vous ?

SOCRATE.

Criton, tout comme il vous plaira, si vous me retrouvez.

Puis regardant les philosophes en souriant, il ajoûta :

J'aurai beau faire, je ne persuaderai jamais à notre ami de distinguer Socrate de sa dépouille.

Le satellite des Onze entra dans ce moment & s'approcha de lui sans parler.

Socrate lui dit :

SOCRATE.

Que voulez-vous ?

LE SATELLITE.

Vous avertir de la part des Magistrats...

SOCRATE.

Qu'il est tems de mourir. Mon ami, apportez le poison, s'il est broyé, & soyez le bien-venu.

LE SATELLITE

(en se détournant & pleurant).

Les autres me maudissent ; celui-ci me benit.

CRITON.

Le soleil luit encore sur les montagnes.

SOCRATE.

Ceux qui different croyent tout perdre à cesser de vivre, & moi je crois y gagner.

Alors l'esclave qui portoit la coupe entra. Socrate la reçut & lui dit :

SOCRATE.

Homme de bien, que faut-il que je fasse ; car vous sçavez cela ?

L'ESCLAVE.

Boire, & vous promener jusqu'à ce que vous sentiez vos jambes s'appesantir.

SOCRATE.

Ne pourroit-on pas en répandre une goutte en action de graces aux Dieux ?

L'ESCLAVE.

Nous n'en avons broyé que ce qu'il faut.

SOCRATE.

Il suffit... Nous pourrons du-moins leur adresser une priere.

Et tenant la coupe d'une main, & tournant ses regards vers le ciel, il dit :

O Dieux qui m'appellez, daignez m'accorder un heureux voyage.

Après il garda le silence, & but.

Jusques-là ses amis avoient eu la force de contenir leur douleur ; mais lorsqu'il approcha la coupe de ses levres, ils n'en furent plus les maîtres.

Les uns s'envelopperent de leur manteau. Criton s'étoit levé, & il erroit dans la prison en poussant des cris. D'autres immobiles & droits regardoient Socrate dans un morne silence, & des larmes couloient le long de leurs joues. Apollodore s'étoit assis sur les pieds du lit, le dos tourné à

Socrate ; & la bouche penchée fur fes mains, il étouffoit fes fanglots.

Cependant Socrate fe promenoit, comme l'efclave le lui avoit enjoint ; & en fe promenant, il s'adreffoit à chacun d'eux & les confoloit.

Il difoit à celui-ci : *Où eft la fermeté, la philofophie, la vertu ?.. A celui-là : C'eft pour cela que j'avois éloigné les femmes... A tous : Eh bien, Anyte & Mélite auront donc pû me faire du mal !... Mes amis, nous nous reverrons... Si vous vous affligez ainfi, vous n'en croyez rien.*

Cependant fes jambes s'appefantirent, & il fe coucha fur fon lit. Alors il recommanda fa mémoire à fes amis, & leur dit d'une voix qui s'affoibliffoit :

SOCRATE.

Dans un moment je ne ferai plus... C'eft par vous qu'ils me jugeront... Ne reprochez ma mort aux Athéniens, que par la fainteté de votre vie.

Ses amis voulurent lui répondre ; mais ils ne le purent : ils fe mirent à pleurer, & fe turent.

L'esclave qui étoit au bas de son lit, lui prit les pieds & les lui serra; & Socrate qui le regardoit, lui dit:

Je ne les sens plus.

Un instant après, il lui prit les jambes & les lui serra; & Socrate qui le regardoit, lui dit:

Je ne les sens plus.

Alors ses yeux commencerent à s'éteindre, ses levres & ses narines à se retirer, ses membres à s'affaisser, & l'ombre de la mort à se répandre sur toute sa personne. Sa respiration s'embarrassoit, & on l'entendoit à peine. Il dit à Criton qui étoit derriere lui:

Criton, soulevez-moi un peu.

Criton le souleva. Ses yeux se ranimerent, & prenant un visage serein & portant son action vers le ciel, il dit:

Je suis entre la terre & l'Elysée.

Un moment après, ses yeux se couvrirent, & il dit à ses amis:

Je ne vous vois plus... Parlez-moi... N'est-ce pas là la main d'Apollodore?

On lui répondit qu'oui, & il la ferra.

Alors il eut un mouvement convulsif dont il revint avec un profond soupir, & il appella Criton. Criton se baissa : Socrate lui dit, & ce furent ses dernieres paroles :

Criton, ...sacrifiez au Dieu de la santé... je guéris.

Cébès qui étoit vis-à-vis de Socrate reçut ses derniers regards qui demeurerent attachés sur lui ; & Criton lui ferma la bouche & les yeux.

Voilà les circonstances qu'il faut employer. Disposez-en comme il vous plaira ; mais conservez-les. Tout ce que vous mettriez à la place, sera faux & de nul effet. Peu de discours & beaucoup de mouvement.

Si le spectateur est au théâtre, comme devant une toile où des tableaux divers se succéderoient par enchantement ; pourquoi le philosophe qui s'assied sur les pieds du lit de Socrate, & qui craint de le voir mourir, ne seroit-il pas aussi pathétique sur la scène, que la femme & la fille d'Eudamidas dans le tableau du Poussin ?

Appliquez les loix de la composition pittoresque à la pantomime, & vous verrez que ce sont les mêmes.

Dans une action réelle à laquelle plusieurs personnes concourent, toutes se disposeront d'elles-mêmes de la maniere la plus vraie ; mais cette maniere n'est pas toujours la plus avantageuse pour celui qui peint, ni la plus frappante pour celui qui regarde. De-là la nécessité pour le peintre, d'altérer l'état naturel, & de le réduire à un état artificiel : & n'en sera-t-il pas de même sur la scène ?

Si cela est, quel art que celui de la déclamation ! Lorsque chacun est maître de son rôle, il n'y a presque rien de fait. Il faut mettre les figures ensemble, les rapprocher ou les disperser, les isoler ou les groupper, & en tirer une succession de tableaux tous composés d'une maniere grande & vraie.

De quel secours le peintre ne seroit-il pas à l'acteur ; & l'acteur au peintre ? Ce seroit un moyen de perfectionner deux talens importans. Mais je jette ces vûes pour ma satisfaction particuliere & la vôtre. Je ne pense pas que nous aimions jamais assez les spectacles pour en venir là.

Une des principales différences du roman domestique & du drame, c'est que le roman suit le geste & la pantomime dans tous leurs détails ; que l'auteur s'attache principalement à peindre & les mouvemens & les impressions : au lieu que le poëte dramatique n'en jette qu'un mot en passant.

« Mais ce mot coupe le dialogue, le » rallentit, & le trouble. »

Oui, quand il est mal placé ou mal choisi.

J'avoue cependant que si la pantomime étoit portée sur la scène à un haut point de perfection, on pourroit souvent se dispenser de l'écrire ; & c'est la raison peut-être pour laquelle les anciens ne l'ont pas fait. Mais parmi nous, comment le lecteur, je parle même de celui qui a quelque habitude du théatre, la suppléera-t-il en lisant, puisqu'il ne la voit jamais dans le jeu ? Seroit-il plus acteur qu'un comédien par état ?

La pantomime seroit établie sur nos théatres, qu'un poëte qui ne fait pas représenter ses pieces, sera froid & quelquefois inintelligible, s'il n'écrit pas le jeu. N'est-ce pas pour un lecteur un surcroît de plaisir, que de connoître le jeu tel que le poëte l'a conçû ? Et accoutumés, comme nous le sommes, à une déclamation maniérée, symmétrisée, & si éloignée de la vérité, y a-t-il beaucoup de personnes qui puissent s'en passer ?

La pantomime est le tableau qui existoit dans l'imagination du poëte, lorsqu'il écrivoit; & qu'il voudroit que la scène montrât à chaque instant, lorsqu'on le joue. C'est la maniere la plus simple d'apprendre au public ce qu'il est en droit d'exiger de ses comédiens. Le poëte vous dit : Comparez ce jeu avec celui de vos acteurs, & jugez.

Au reste quand j'écris la pantomime, c'est comme si je m'adressois en ces mots au Comédien : c'est ainsi que je déclame ; voilà les choses comme elles se passoient dans mon imagination, lorsque je composois. Mais je ne suis ni assez vain pour croire qu'on ne puisse pas mieux déclamer que moi, ni assez imbécille pour réduire un homme de génie à l'état machinal.

On propose un sujet à peindre à plusieurs artistes; chacun le médite & l'exécute à sa maniere, & il sort de leurs atteliers autant de tableaux différens. Mais on remarque à tous quelques beautés particulieres.

Je dis plus. Parcourez nos galleries, & faites-vous montrer les morceaux où l'amateur a prétendu commander à l'artiste & disposer de ses figures. Sur le grand nombre, à peine en trouverez-vous deux ou trois où les idées de l'un se soient tellement accordées avec le talent de l'autre, l'autre, que l'ouvrage n'en ait pas souffert.

Acteurs, jouissez donc de vos droits; faites ce que le moment & votre talent vous inspireront. Si vous êtes de chair, si vous avez des entrailles, tout ira bien, sans que je m'en mêle; & j'aurai beau m'en mêler, tout ira mal, si vous êtes de marbre ou de bois.

Qu'un poëte ait ou n'ait pas écrit la pantomime, je reconnoîtrai du premier coup s'il a composé ou non d'après elle. La conduite de sa piece ne sera pas la même; les scènes auront un tout autre tour; son dialogue s'en ressentira. Si c'est l'art d'imaginer des tableaux; doit-on le supposer à tout le monde, & tous nos poëtes dramatiques l'ont-ils possédé?

Une expérience à faire, ce seroit de composer un ouvrage dramatique, & de proposer ensuite d'en écrire la pantomime, à ceux qui traitent ce soin de superflu. Combien ils y feroient d'inepties?

II. Partie.   M

Il est facile de critiquer juste, & difficile d'exécuter médiocrement. Seroit-il donc si déraisonnable d'exiger que, par quelque ouvrage d'importance, nos juges montrassent qu'ils en sçavent du-moins autant que nous ?

Les voyageurs parlent d'une espece d'hommes sauvages qui soufflent aux passans des aiguilles empoisonnées. C'est l'image de nos Critiques.

Cette comparaison vous paroît-elle outrée ? Convenez du-moins qu'ils ressemblent assez à un solitaire qui vivoit au fond d'une vallée que des collines environnoient de toutes parts. Cet espace borné étoit l'Univers pour lui. En tournant sur un pied, & parcourant d'un coup-d'œil son étroit horison, il s'écrioit : Je sçais tout ; j'ai tout vû. Mais tenté un jour de se mettre en marche & d'approcher de quelques objets qui se déroboient à sa vûe, il grimpe au sommet d'une de ses collines. Quel ne fut pas son étonnement, lorsqu'il vit un espace im-

menſe ſe développer au-deſſus de ſa tête &
devant lui ? Alors changeant de diſcours,
il dit : Je ne ſçais rien ; je n'ai rien vû.

J'ai dit que nos Critiques reſſembloient
à cet homme ; je me ſuis trompé. Ils reſ-
tent au fond de leur cahutte, & ne perdent jamais la haute opinion qu'ils ont
d'eux.

Le rôle d'un auteur eſt un rôle aſſez
vain ; c'eſt celui d'un homme qui ſe croit
en état de donner des leçons au public.
Et le rôle du Critique ? Il eſt bien plus vain
encore ; c'eſt celui d'un homme qui ſe
croit en état de donner des leçons à celui
qui ſe croit en état d'en donner au public.

L'auteur dit : Meſſieurs, écoutez-moi ;
car je ſuis votre maître. Et le Critique :
c'eſt moi, Meſſieurs, qu'il faut écouter ;
car je ſuis le maître de vos maîtres.

Pour le public, il prend ſon parti. Si
l'ouvrage de l'auteur eſt mauvais, il s'en
mocque, ainſi que des obſervations du
Critique, ſi elles ſont fauſſes.

Le Critique s'écrie après cela : O tems !

O mœurs! Le goût est perdu! & le voilà consolé.

L'auteur de son côté accuse les spectateurs, les acteurs, & la cabale. Il en appelle à ses amis; il leur a lû sa piece, avant que de la donner au théatre: elle devoit aller aux nûes. Mais vos amis aveuglés ou pusillanimes n'ont pas osé vous dire qu'elle étoit sans conduite, sans caracteres, & sans style; & croyez-moi, le public ne se trompe gueres. Votre piece est tombée, parce qu'elle est mauvaise.

« Mais le *Misantrope* n'à-t-il pas chan-
» celé? »

Il est vrai. O qu'il est doux après un malheur, d'avoir pour soi cet exemple! Si je monte jamais sur la scène, & que j'en sois chassé par les sifflets, je compte bien me le rappeller aussi.

La critique en use bien diversement avec les vivans & les morts. Un auteur est-il mort? Elle s'occupe à relever ses qualités & à pallier ses défauts. Est-il vivant? C'est le contraire. Ce sont ses défauts qu'-

elle releve, & ses qualités qu'elle oublie; & il y a quelque raison à cela : on peut corriger les vivans, & les morts sont sans ressource.

Cependant le censeur le plus sévére d'un ouvrage, c'est l'auteur. Combien il se donne de peines pour lui seul ? C'est lui qui connoît le vice secret; & ce n'est presque jamais là que le Critique pose le doigt. Cela m'a souvent rappellé le mot d'un philosophe : *Ils disent du mal de moi ? Ah, s'ils me connoissoient comme je me connois !* ...

Les Auteurs & les Critiques anciens commençoient par s'instruire ; ils n'entroient dans la carriere des lettres, qu'au sortir des écoles de la Philosophie. Combien de tems l'auteur n'avoit-il pas gardé son ouvrage, avant que de l'exposer au public ? De-là cette correction qui ne peut être que l'effet des conseils, de la lime, & du tems.

Nous nous pressons trop de paroître, & nous n'étions peut-être ni assez éclairés, ni affez gens de bien, quand nous avons pris la plume.

Si le fyftème moral eft corrompu, il faut que le goût foit faux.

La vérité & la vertu font les amies des beaux Arts. Voulez-vous être auteur? voulez-vous être Critique? commencez par être homme de bien. Qu'attendre de celui qui ne peut s'affecter profondément? & de quoi m'affecterai-je profondément, finon de la vérité & de la vertu, les deux chofes les plus puiffantes de la nature?

Si l'on m'affure qu'un homme eft avare, j'aurai peine à croire qu'il produife quelque chofe de grand. Ce vice rapetiffe l'efprit & retrécit le cœur. Les malheurs publics ne font rien pour l'avare. Quelquefois il s'en réjouit. Il eft dur. Comment s'élevera-t-il à quelque chofe de fublime? il eft fans ceffe courbé fur un coffre fort. Il ignore la vîteffe du tems & la briéveté de la vie. Concentré en lui-même, il eft étranger à la bienfaifance. Le bonheur de fon femblable n'eft rien à fes yeux, en comparaison d'un petit morceau de métal jaune. Il n'a jamais connu le plaisir de donner à celui qui manque, de soulager celui qui souffre, & de pleurer avec celui qui pleure. Il est mauvais pere, mauvais fils, mauvais ami, mauvais citoyen. Dans la nécessité de s'excuser son vice à lui-même, il s'est fait un système qui immole tous les devoirs à sa passion. S'il se proposoit de peindre la commisération, la libéralité, l'hospitalité, l'amour de la patrie, celui du genre humain, où en trouvera-t-il les couleurs ? Il a pensé dans le fond de son cœur, que ces qualités ne sont que des travers & des folies.

Après l'avare, dont tous les moyens sont vils & petits, & qui n'oseroit pas même tenter un grand crime pour avoir de l'argent, l'homme du génie le plus étroit & le plus capable de faire des maux, le moins touché du vrai, du bon & du beau, c'est le superstitieux.

Après le superstitieux, c'est l'hypocrite.

Le superstitieux a la vûe trouble; & l'hypocrite a le cœur faux.

Si vous êtes bien né, si la nature vous a donné un esprit droit & un cœur sensible, fuyez pour un tems la société des hommes; allez vous étudier vous-même. Comment l'instrument rendra-t-il une juste harmonie, s'il est desaccordé? Faites-vous des notions exactes des choses; comparez votre conduite avec vos devoirs; rendez-vous homme de bien, & ne croyez pas que ce travail & ce tems si bien employés pour l'homme, soient perdus pour l'auteur. Il réjaillira de la perfection morale que vous aurez établie dans votre caractere & dans vos mœurs, une nuance de grandeur & de justice qui se répandra sur tout ce que vous écrirez. Si vous avez le vice à peindre, sçachez une fois combien il est contraire à l'ordre général & au bonheur public & particulier, & vous le peindrez fortement. Si c'est la vertu; comment en parlerez-vous d'une maniere à la faire aimer aux autres, si vous n'en êtes pas transporté ? De retour parmi les hommes, écoutez beaucoup ceux qui parlent bien, & parlez-vous souvent à vous-même.

Mon ami, vous connoissez Ariste. C'est de lui que je tiens ce que je vais vous en raconter. Il avoit alors quarante ans. Il s'étoit particulierement livré à l'étude de la Philosophie. On l'avoit surnommé le Philosophe; parce qu'il étoit né sans ambition, qu'il avoit l'ame honnête, & que l'envie n'en avoit jamais altéré la douceur & la paix. Du reste, grave dans son maintien, sévére dans ses mœurs, austére & simple dans ses discours, le manteau d'un ancien philosophe étoit presque la seule chose qui lui manquât, car il étoit pauvre & content de sa pauvreté.

Un jour qu'il s'étoit proposé de passer avec ses amis quelques heures à s'entretenir sur les Lettres ou sur la Morale, car il n'aimoit pas à parler des affaires publiques; ils étoient absens, & il prit le parti de se promener seul.

Il fréquentoit peu les endroits où les hommes s'affemblent. Les lieux écartés lui plaifoient davantage. Il alloit en rêvant, & voici ce qu'il fe difoit :

J'ai quarante ans. J'ai beaucoup étudié. On m'appelle le philofophe. Si cependant il fe préfentoit ici quelqu'un qui me dît : Arifte, qu'eft-ce que le vrai, le bon, & le beau, aurois-je ma réponfe prête ? Non. Comment, Arifte, vous ne fçavez pas ce que c'eft que le vrai, le bon & le beau, & vous fouffrez qu'on vous appelle le philofophe !

Après quelques réflexions fur la vanité des éloges qu'on prodigue fans connoiffance, & qu'on accepte fans pudeur, il fe mit à rechercher l'origine de ces idées fondamentales de notre conduite & de nos jugemens ; & voici comment il continua de raifonner avec lui-même.

Il n'y a peut-être pas dans l'efpece humaine entiere deux individus qui ayent quelque reffemblance approchée. L'organifation générale, les fens, la figure extérieure, les vifcéres, ont leur variété. Les fibres, les muscles, les solides, les fluides ont leur variété. L'esprit, l'imagination, la mémoire, les idées, les vérités, les préjugés, les alimens, les exercices, les connoissances, les états, l'éducation, les goûts, la fortune, les talens, ont leur variété. Les objets, les climats, les mœurs, les loix, les coutumes, les usages, les gouvernemens, les religions, ont leur variété. Comment seroit-il donc possible que deux hommes eussent précisément un même goût, ou les mêmes notions du vrai, du bon & du beau? La différence de la vie & la variété des événemens suffiroient seules pour en mettre dans les jugemens.

Ce n'est pas tout. Dans un même homme, tout est dans une vicissitude perpétuelle, soit qu'on le considere au physique, soit qu'on le considere au moral: la peine succede au plaisir, le plaisir à la peine; la santé à la maladie, la maladie à la santé. Ce n'est que par la mémoire que nous sommes un même individu pour les autres & pour nous-mêmes. Il ne me reste peut-être pas à l'âge que j'ai, une seule molécule du corps que j'apportai en naiſſant. J'ignore le terme preſcrit à ma durée ; mais lorſque le moment de rendre ce corps à la terre ſera venu, il ne lui reſtera peut-être pas une des molécules qu'il a. L'ame en différens périodes de la vie ne ſe reſſemble pas davantage. Je balbutiois dans l'enfance. Je crois raiſonner à-préſent. Mais tout en raiſonnant, le tems paſſe & je m'en retourne à la balbutie. Telle eſt ma condition & celle de tous. Comment feroit-il donc poſſible qu'il y en eût un ſeul d'entre nous qui conſervât pendant toute la durée de ſon exiſtence le même goût, & qui portât les mêmes jugemens du vrai, du bon & du beau ? Les révolutions cauſées par le chagrin & par la méchanceté des hommes, ſuffiroient ſeules pour altérer ſes jugemens.

L'homme eſt-il donc condamné à n'être d'accord ni avec ſes ſemblables ni avec lui-même, ſur les ſeuls objets qu'il lui importe de connoître, la vérité, la bonté, la beauté? Sont-ce là des choses locales, momentanées & arbitraires? des mots vuides de sens? N'y a-t-il rien qui soit tel? Une chose est-elle vraie, bonne & belle, quand elle me le paroît? & toutes nos disputes sur le goût se resoudroient-elles enfin à cette proposition: nous sommes vous & moi deux êtres différens, & moi-même je ne suis jamais dans un instant ce que j'étois dans un autre?

Ici Ariste fit une pause. Puis il reprit:

Il est certain qu'il n'y aura point de terme à nos disputes, tant que chacun se prendra soi-même pour modele & pour juge. Il y aura autant de mesures que d'hommes, & le même homme aura autant de modules différens, que de périodes sensiblement différens dans son existence.

Cela me suffit, ce me semble, pour sentir la nécessité de chercher une mesure, un module hors de moi. Tant que cette recherche ne sera pas faite, la plûpart de mes jugemens seront faux, & tous seront incertains.

Mais où prendre la mesure invariable que je cherche & qui me manque?... Dans un homme idéal que je me formerai, auquel je préſenterai les objets, qui prononcera, & dont je me bornerai à n'être que l'écho fidele?... Mais cet homme ſera mon ouvrage... Qu'importe, ſi je le crée d'après des élémens conſtans?... Et ces élémens conſtans où ſont-ils?... Dans la nature?... Soit; mais comment les raſſembler?... La choſe eſt difficile; mais eſt-elle impoſſible?... Quand je ne pourrois eſpérer de me former un modele accompli, ferois-je diſpenſé d'eſſayer?... Non... Eſſayons donc... Mais ſi le modele de beauté auquel les anciens Sculpteurs rapporterent dans la ſuite tous leurs ouvrages, leur coûta tant d'obſervations, d'études & de peines, à quoi m'engageai-je?... Il le faut pourtant, ou s'entendre toujours appeller Ariſte le philoſophe, & rougir.

Dans cet endroit, Ariſte fit une ſeconde pause un peu plus longue que la première, après laquelle il continua.

Je vois du premier coup-d'œil que l'homme idéal que je cherche étant un composé comme moi, les anciens Sculpteurs en déterminant les proportions qui leur ont paru les plus belles, ont fait une partie de mon modele... Oui. Prenons cette statue, & animons-la... Donnons-lui les organes les plus parfaits que l'homme puisse avoir. Douons-la de toutes les qualités qu'il est donné à un mortel de posséder, & notre modele idéal sera fait... Sans doute... Mais quelle étude ! Quel travail ! Combien de connoissances physiques, naturelles & morales à acquérir ! Je ne connois aucune science, aucun art dans lequel il ne me fallût être profondément versé... Aussi aurois-je le modele idéal de toute vérité, de toute bonté, & de toute beauté... Mais ce modele général idéal est impossible à former, à-moins que les dieux ne m'accordent leur intelligence & ne me promettent leur éternité. Me voilà donc retombé dans les incertitudes d'où je me proposois de sortir.

Ariste triste & pensif, s'arrêta encore dans cet endroit.

Mais pourquoi, reprit-il après un moment de silence, n'imiterai-je pas aussi les Sculpteurs ? Ils se sont fait un modele propre à leur état, & j'ai le mien... Que l'homme de lettres se fasse un modele idéal de l'homme de lettres le plus accompli, & que ce soit par la bouche de cet homme qu'il juge les productions des autres & les siennes. Que le philosophe suive le même plan... Tout ce qui semblera bon & beau à ce modele, le sera. Tout ce qui lui semblera faux, mauvais & difforme, le sera... Voilà l'organe de ses décisions... Le modele idéal sera d'autant plus grand & plus sévére, qu'on étendra davantage ses connoissances... Il n'y a personne & il ne peut y avoir personne qui juge également bien en tout, du vrai, du bon & du beau. Non : & si l'on entend par un homme de goût, celui qui porte

en

en lui-même le modele général idéal de toute perfection ; c'est une chimere.

Mais de ce modele idéal qui est propre à mon état de philosophe, puisqu'on veut m'appeller ainsi ; quel usage ferai-je, quand je l'aurai ? Le même que les Peintres & les Sculpteurs ont fait de celui qu'ils avoient. Je le modifierai selon les circonstances. Voilà la seconde étude à laquelle il faudra que je me livre.

L'étude courbe l'homme de lettres. L'exercice affermit la démarche & releve la tête du soldat. L'habitude de porter des fardeaux affaisse les reins du crocheteur. La femme grosse renverse sa tête en-arriere. L'homme bossu dispose ses membres autrement que l'homme droit. Voilà les observations qui, multipliées à l'infini, forment le statuaire & lui apprennent à altérer, fortifier, affoiblir, défigurer & réduire son modele idéal, de l'état de nature, à tel autre état qu'il lui plaît.

C'est l'étude des passions, des mœurs, des caracteres, des usages, qui appren-

II. Partie.

dra au peintre de l'homme à altérer son modele, & à le réduire de l'état d'homme à celui d'homme bon ou méchant, tranquille ou colere.

C'est ainsi que d'un seul simulacre, il émanera une variété infinie de représentations différentes qui couvriront la scène & la toile. Est-ce un poëte? Est-ce un poëte qui compose? Compose-t-il une satyre ou un hymne? Si c'est une satyre, il aura l'œil farouche, la tête enfoncée entre les épaules, la bouche fermée, les dents serrées, la respiration contrainte & étouffée: c'est un furieux. Est-ce un hymne? il aura la tête élevée, la bouche entr'ouverte, les yeux tournés vers le ciel, l'air du transport & de l'extase, la respiration haletante: c'est un enthousiaste. Et la joie de ces deux hommes, après le succès, n'aura-t-elle pas des caracteres différens?

Après cet entretien avec lui-même, Ariste conçut qu'il avoit encore beaucoup à apprendre. Il rentra chez lui. Il s'y renferma pendant une quinzaine d'années. Il se livra à l'Histoire, à la Philosophie, à la Morale, aux Sciences & aux Arts; & il fut à cinquante-cinq ans homme de bien, homme instruit, homme de goût, grand auteur, & Critique excellent.

FIN.

www.ingramcontent.com/pod-product-compliance
Lightning Source LLC
Chambersburg PA
CBHW051821230426
43671CB00008B/790